本業支援&融資獲得

# 法人取引アプローチ

近代セールス社 編

近代セールス社

# はじめに

本書は「近代セールス　２０１８年12月15日号『企業情報から切り込む融資のアプローチトーク集』」および「近代セールス　２０１９年９月15日号『面談できる訪問理由&アプローチトーク１００選』の２冊をベースに書籍として再編集したものです。

第１部の初級編は、後者から基本となる訪問スキルとして32項目、第２部の中級編は、前者から「定量情報」「定性情報」の活用例として、財務諸表や登記事項、税務申告書などのデータから68項目を取り上げ、全１００項目としてまとめています。

近年、長らく続く金利状況から法人の融資獲得は熾烈を極めており、金融機関は金利競争の真っただ中に置かれ、思うような成果を上げられていません。しかし、貸し手の都合ばかり考え、企業の様々なニーズへの対応を忘れてはいないでしょうか。

商品販売に関する情報や新商品開発、人材の確保や研修・教育、相続や事業承継に至るまで、顕在化・潜在化する多くのニーズがあります。これらに対していかに支援を展開し、自行に振り向いてもらうことができるか――担当者の腕の見せ所です。

「支援なくして融資推進なし！」本書を読んで明日から取り組んでみましょう！

２０２１年６月

近代セールス社

目次

## 第1部●初級編（基本アプローチ編）

### ■基本訪問スキル



### ■情報・サービスの提供



### ■取引先の変化

■損益計算書と費用明細の目の付けどころ



■資金繰り表の目の付けどころ

〈定性情報の活用〉

■〈企業ホームページの目の付けどころ



■商業登記・不動産登記の目の付けどころ



■法人税申告書・別表2の目の付けどころ



■〈企業データベースの目の付けどころ

◉**執筆者一覧**・50音順・敬称略

**岩瀬万里夫**
**上田真一**（銀行取引コンサルタント）
**大阪仙吉**
**荻野元夫**（㈱クリエイトプラン代表講師）
**木内清章**（産業能率大学講師）
**北野信高**（㈱帝国データバンク営業推進部課長）
**黒木正人**（飛驒信用組合理事長）
**櫻沢　健**
**佐々木城夛**（沼津信用金庫参与）
**杉本光生**（中小企業診断士）
**千綿明直**（元佐賀銀行）
**服部繁一**（中小企業診断士）
**東川　仁**（㈱ネクストフェイズ代表）
**星　武志**（㈱アスタリスク代表取締役）
**真野康彦**

第1部

# 初級編

## 基本アプローチ編

# 基本訪問スキル

## 01 ◆ 担当エリアや担当者の交代に伴う挨拶

新しく御社の担当になりましたので、ご挨拶に伺いました。

経営者にとって、金融機関の担当者の交代は「新任担当者が自社のことを分かってくれるか」「引き続き支援してもらえるか」という不安を感じるときでもある。中小企業白書（2016年版）によると、「中小企業が考える、金融機関との接点を深めるために必要なこと」は、「担当者交代時の、自社情報の丁寧な引き継ぎ」が最も多くなっている。そして「担当者の自社の業界知識の修得」「担当者との面談機会や面談時間の増加・拡大」と続いている。

新任担当者はこれを踏まえ、事前に担当先の会社概要や自行との取引状況、前任者からの引継ぎ事項などをしっかり確認しておきたい。また、担当先のホームページや、ブログなどにも目を通しておくと話が弾むことも多い。

挨拶をした後は「御社はどのような事業をされているのですか」と聞くのではなく、「○○の部品を製造していると前任者から聞いているのですが、中でもどのような加工を得意とされているのですか」と、一歩踏み込んだ質問を行う。これにより対話に広がりをもたせることができる。

経営者の将来展望や夢を聞くのもよいだろう。例えば「5年後、10年後にどんな会社になっていたいですか。なっていると思いますか」と聞いてみよう。

目指す姿が見えてくればいま何をすべきかが見えてくる（バックキャスティングという）。経営者の考え方を整理することで顕在化したニーズのほかに潜在的なニーズに気付くこともある。そのニーズに対して一つひとつ対話していけば、事業を理解しながら本業支援に取り組め、金融支援につなげることもできるだろう。

**■ 訪問のポイント**

**事前に会社概要や取引状況等を調べておき、強みや将来展望を聞こう！**

# 02 ◆外回りで近くを通りかかった際の顔見せ

## 近くを通りかかったのですが、〇〇の事業は順調に進んでいますか?

営業活動においては「近くを通りかかった」というのも訪問理由となる。しかし、アポイントなしで訪問するということは、相手が何か別の用で動いているところに訪問するということである。まずは、相手が応対できる状況なのか「少しだけお時間をいただいても構いませんか?」と確認したい。

また、訪問するからには深耕を図りたいなど何か目的があるだろうが、できるだけ短時間で済ませられる話題や提案を持っていきたい。例えば、新聞で見た・他社から聞いた業界動向や情報の確認でもよい。

もし、以前の訪問時に「新商品の開発を進めている」「社内の営業体制を変えようとしている」といった取組みを聞いていれば、「あれから進捗状況はいかがですか。気になってお伺いしました」と話が展開できる。経営者としても、担当者が以前の発言を気にして訪問したということに悪い気はしないだろう。

場合によっては、新たな課題が発生していたり、資金調達が必要になるケースもある。そうなればできるだけ早いタイミングで、課題解決につながる提案を持っていこう。

■訪問のポイント

**短時間で済ませられる話題や提案を持参し、企業の取組みの進捗を聞こう！**

# 03 ◆前回の訪問から時間が空いた際の顔見せ

しばらくご無沙汰していましたが、お役に立ちそうな最新の情報をお持ちしました。

前回の訪問から時間が空いてしまったというのも訪問理由となるが、経営者としては「なぜ今まで来なかったのか。なぜ突然、来たのか」と思うだろう。何の準備もなく訪問しても相手の時間を無駄にしてしまうため、明確に目的をもって訪問したい。

例えば、以前、訪問した際の経営者の話を出してみよう。「あれから新商品開発のお話はどうなりましたか。何かお困りのことはありませんか。気になって訪問しました」というように問いかけてみる。

前回までの話に糸口を見いだせなければ、旬の情報を提案するのもいい。例えば「この展示会が御社のＰＲや販路拡大に役立つのではないかと思って資料をお持ちしました」「設備導入に活用できる補助金の公募が始まっていますので、申請されてはいかがでしょうか」といったものだ。

何かを提案することで、経営者に「いろいろ考えてくれているんだな」と思ってもらえる。その提案がニーズに沿わなくても「働き方改革や人材に関連した助成金はないか」などと、次回につながる宿題を得られる可能性もある。

■ 訪問のポイント

**前回聞いた話の確認や最新情報の提供など、明確な目的をもって訪問しよう！**

# 04 ◆社長への支店長の紹介・引き合わせ

社長に今度支店長を紹介したいのですが、お時間をいただけますか？

中小企業の経営者の大半は、支店長と面識をもっておきたいと考えている。なぜなら支店長が融資の承認・決裁権限を握っていると知っているし、たとえ本部稟議案件となるにしても、支店長の承認が必要だと認識しているからだ。特に、60代・70代の経営者は、支店長との関係を大事にする傾向が強いといえる。

担当者は、積極的に融資を推進したい先について経営者と支店長とを引き合わせることにより、融資案件をスムーズに進めていくこともできる。本アプローチトークをきっかけに「支店長は、社長に経営者としての考え方を聞いてみたいそうです」「社長の経営姿勢や課題について一度聞いてみたいとのことです」と、支店長が面談を希望していることを伝えよう。

融資が難しい先と支店長が面談すると、融資申込みを受けたその場で即断を迫られるリスクが支店長に生じる。つまり、担当者が支店長を紹介するということは「自社にはそのようなリスクがない」と経営者は受け止めることになる。支店長の面談希望は、経営者への好意的なメッセージと捉えられるわけだ。

支店長と経営者に面識ができると、信頼関係を築き、融資審査をスムーズにする効果が生じる。担当者は優良先の経営者に支店長を引き合わせることを検討してみよう。

■ 訪問のポイント

**経営者に支店長を引き合わせることで、信頼関係を築き融資審査をスムーズに進めよう！**

## 05 ◆ 決済日や月末における資金過不足のヒアリング

売掛金などの入金は、今月末までにどのくらいありますか？

担当者は、企業の資金需要発生日（給与支払日、手形決済日、仕入先支払日、経費等支

払日など）を押さえておくことが大切だ。例えば、企業の毎月の支払日（例・給与20日、手形決済20日、仕入先支払31日など）を押さえておき、今月・来月それぞれの支払予定額を確認する。

一方で、売上代金の入金額を確認すれば、「現預金残高＋入金－出金」という単純な算式から、その月の過不足額を確認することができる。これなら資金繰り表を提出してもらわなくても、資金需要を把握できるわけだ。

経営者、経理担当者には、本アプローチトークをきっかけに「今月の支払いはいくらくらいになりそうですか」「今月末までに売掛金等の入金はいくらくらいありますか」と聞いて、出金額・入金額をヒアリングしよう。ただし経理担当者からの聞き取りだけで終わらせてはいけない。なぜなら、経営者しか把握していない入金や出金もあるからだ。

本ケースの訪問理由を使って毎月の入出金を確認すれば、経営者には自社の資金繰りを気にかけてくれる担当者と映り、信頼関係を築ける。

■ 訪問のポイント

**決済日を前に予定入金額と出金額を聞き出し、資金需要を把握しよう！**

# 06 ◆ 決算月における決算見込みのヒアリング

## 今月は決算を控えていますが、見通しはいかがですか？

担当者は、常に企業の決算見込みがどの程度になるか聞き取るようにしなくてはならない。金融機関が融資の可否判断を行う際には、企業業績が大きなウエイトを占めるからだ。また金融機関のリスク管理という観点からも決算見込みを聞くのは重要だ。その意味で、決算を前にヒアリングを行うことは立派な訪問理由となる。

訪問した際には、アプローチトークに続けて「現状のまま推移すれば、売上は前期比10%下がり、最終利益は３００万円程度になりそうですね」と具体的な数字を挙げて質問しよう。

何となく「今期の売上や利益はどうなりますか」と聞くと、「まだ税理士とも話していないし、よく分からないんだ」と言われてしまう。しかし、具体的に数字を挙げて質問をすれば、経営者は、その数字より大きいか少ないかを答えてくれるものである。

訪問先が自店の主要取引先であれば、「税理士さんを含めた３人で一度打合せをしてみませんか」と提案するのもよい。担当者が決算書作成前に関わることである程度決算の着地点が見えてくるので、融資の可否判断に良い影響をもたらす。

■ 訪問のポイント

**早めに決算の着地点を把握し、本業支援や融資の可否判断につなげよう！**

# 07◆法人税の納付に関するヒアリング

**法人税の中間申告が近いですが、納税の準備はいかがですか？**

企業の大半は、顧問税理士と相談しながら決算をまとめていくため、納税額がどの程度なのか不明確である。納税に備えて毎月一定額の資金を積み立てている企業も少数といえる。納税額が分からず資金も準備していないため、いざ納付の月が来ると慌てるケースが少なくない。それだけに法人税の納付に関してヒアリングすることも、十分に訪問理由となる。

そもそも企業には年2回納税（中間納税、本納税）のタイミングがある。法人税の中間申告は、決算月から6ヵ月経過した日から2ヵ月以内。9月決算企業であれば5月までに行わなくてはならない。このとき、前期実績による中間申告であれば、単純に考えて前期法人税額の2分の1を納税することになる。

こうした点を踏まえ、経営者には「前期の法人税は約1000万円でしたから、中間納税は500万円程度を見込まれていますか」などと声をかけよう。さらに本納税は決算日から2ヵ月以内なので、9月決算企業なら11月となる。

「税理士さんと調整されているでしょうが、本納税はどの程度になりそうですか」と決算月前からアプローチしていこう。

■ 訪問のポイント

**前期実績などから納税額を予想し、準備ができているか確認しよう！**

# 08 ◆ボーナス資金についてのヒアリング

## ボーナス資金については、すでにご準備はできていますか？

一般的に業績や資金繰りの悪化がない限り、企業は従業員に夏と冬の年2回、ボーナス（賞与）を支給する。このボーナス資金について手当てしているかを聞くことも、有効な訪問理由となる。

企業は、従業員に対して毎月一定額の給与を支払っているが、年2回のボーナス支給月には、当然ながら通常月より多くの支払いが生じる。例えば1ヵ月に1000万円の給与支払いのある企業が、1・5ヵ月分のボーナスを支給すると、ボーナス支給月は通常月より1500万円多い合計2500万円の支払いが生じる。これでは毎月の売上が一定の企業の場合、資金繰りが厳しくなってしまうこともある。

担当者としては、ボーナス支給月の1～2ヵ月前あたりから企業を訪れて「今回のボーナス資金の準備はできていますか」と聞いてみよう。

ボーナス資金は、半年以内の分割返済が原則となる。また、プロパー融資で取り上げやすい資金使途といえる。ボーナス資金の提案は新規見込先へのアプローチとしても有効となるため、訪問理由として積極的に活用していこう。

**■ 訪問のポイント**

**支給月の1～2カ月前に訪問し、資金手当てができているか聞いてみよう！**

# 情報・サービスの提供

## 09◆経営者向けセミナーの案内

事業承継に関するセミナーを開催しますので、ぜひご参加いただけませんか？

数多く行われている経営者向けセミナーのなかでも、特に事業承継セミナーへの関心は高い。中小企業白書（２０１９年版）によると、中小企業の経営者の年齢は、１９９５年には47歳が最多だったが、２０１８年には69歳が最多となっており、経営者の高齢化がどんどん進んでいることが分かる。もし担当先の経営者が高齢であるなら、事業承継に関するセミナーの案内は、鉄板の訪問理由となるだろう。

中小企業白書によると、経営者の引退は、事業を継続するか否かで「事業承継」と「廃業」に分けられる。そして事業承継のうち、親族内承継が55・4%、役員・従業員承継が19・1%、社外への承継が16・5%とのことだ。ひと口に事業承継といっても、その形態は異なり、当然ながらそれぞれでニーズも異なってくるのだ。

例えば、経営者が親族内承継を望んでいて後継者が決まっているような場合は、経営者教育や自社株評価といったテーマのセミナーを紹介したい。

一方で、後継者が決まっていない企業であれば、「後継者の方はもうお決まりになっていますか」と質問をしたうえで、役員・従業員承継を望んでいるのか、社外への承継を望んでいるのかニーズを探ってみよう。そのニーズに応じて、事業承継の手順をテーマとする基本的なセミナーを案内したり、場合によってはＭＢＯ（経営陣買収）やＭ＆Ａに関するセミナーを紹介したりすることになるだろう。

経営者の真のニーズを探り、それに合った内容のセミナーを紹介することが大切だ。そうすればニーズを探る訪問、ニーズに合わせたセミナーの紹介、セミナーの申込みと、３回の訪問理由を作ることもできる。

**■訪問のポイント**

**事業承継の形態・ニーズを把握し、テーマに合ったセミナーを案内しよう！**

# 10◆新しい融資商品の紹介

## 中小企業に使いやすい融資商品ができましたので、ぜひご紹介させてください！

金融機関では、融資取引伸長のため、中小企業のニーズに合致した新しい融資商品を開発することがある。それを紹介することは訪問のきっかけとなるし、新商品の話題であれば経営者や経理担当者とも話がしやすいだろう。

ここで大切なのは、その新しい融資商品がどのような企業に合っているのか、訪問先のターゲットを絞り込むことである。

例えば各地域の金融機関では、ＴＫＣ全国会と業務提携を結び、金利等の優遇措置のあるＴＫＣ会員の関与先企業専用の融資商品を作っている。この場合、自行の既存取引先の中から、ＴＫＣ会員の税理士が決算書を作成している先をリストアップして、「ＴＫＣ戦略経営者ローン」や「記帳適時性証明書」を活用した融資商品（証明書があれば金利優遇が適用される融資）を紹介してみよう。

話の展開としては、「信頼できる税理士さんに決算書を作成してもらっているお取引先限定の融資商品です」と特別感を出し、「無担保・第三者保証なしのローンで金利の優遇措置がございます」などと融資商品の特徴をアピールすると、会話を弾ませることができるだろう。

■ 訪問のポイント

新商品の特徴が合致する企業に対し、活用メリットを紹介しよう！

## 11 ◆ 新しい保証制度の紹介

新しい保証制度ができましたので、条件などをご紹介させてください！

２０１８年４月に信用補完制度の大きな見直しが行われた。それに伴い各信用保証協会において新しい保証制度の創設や支援の拡充が行われており、今後も新しい保証制度ができることが見込まれる。中小企業・小規模企業を訪問するにあたり、こうした保証制度を紹介することも十分な理由となる。

では、具体的にどのように話を展開していけばよいだろうか。

まずはターゲットを明確にする。新しい保証制度がマッチする企業に案内を行いたい。経営者に紹介する際には、手元に新しい保証制度のパンフレットを用意しておき、パンフレットを渡したうえで担当者も手に持って説明する。パンフレットが手元にあるだけで会話に安心感が生まれる。

説明はパンフレットに添って行えばよい。融資条件の概要、利用可能な事業者、申込みから融資までの流れ、注意事項などを説明する。「こちらの制度は通常の保証料より○％優遇されますよ」などと特徴をアピールすることも忘れないようにしよう。日頃から訪問して制度を案内しておくことで、資金ニーズが生じたとき、最初に自行に相談してもらえるようになる。

■ 訪問のポイント

新制度がマッチする企業に対し、パンフレットで特徴等を説明しよう！

# 12 ◆最新の地域経済分析レポートの紹介

地域経済分析レポートができましたので、ぜひ参考になさってください！

地域金融機関は、独自の地域経済分析レポート（以下、レポート）を作成している。中小の信用金庫や信用組合、ＪＡなどでは上部団体がレポートを発行している。このレポートを企業に渡すことも立派な訪問理由になる。

金融機関が作成するレポートには経済・金融・国際情勢、そして地域情勢など一般的な情報が盛り込まれていることが多い。一方、平成28年の金融庁アンケート調査によると、企業は「自社が属する業界動向」「取引先の業界動向」「公的支援策に関する情報」など、自社の事業に直結する情報を求めているとある。

そこで単にレポートを渡すのではなく、どの分析項目が訪問先の事業に影響するのか、また分析に対して経営者はどう感じるのかといったことをヒアリングしよう。

例えば、訪問先が車の部品製造業の場合、レポートの輸出動向が関係してくるかもしれない。「レポートによりますと海外への輸出が前年比で○％減となっています。御社も受注減少などの影響をお感じになったことはありませんか」と聞けば、課題を打ち明けてくれる可能性も高まる。
レポートをきっかけとして訪問し、より深く業界動向に踏み込んで話ができれば、企業の課題・ニーズを捉えることができるだろう。

■ 訪問のポイント

**自行独自のレポートを持参し、事業への影響や分析の感想をヒアリングしよう！**

## 13 ◆ディスクロージャー誌の紹介

ディスクロージャー誌ができましたので、お渡ししようと思い伺いました。

新しくできたディスクロージャー誌を持参するというのは、とても使いやすい訪問理由である。既存取引先のみならず、新規見込先への訪問理由にも向いている。ではディスクロージャー誌を見せながら、どのように話を展開していけばよいだろうか。

ディスクロージャー誌には、財務諸表の細かい数字が並んでいるが、それを一つひとつ説明する必要はなく、冒頭の「業績のご報告」の欄などを活用して丸めた数字を紹介しよう。自行の強みとなる部分は強調したい。「当行は自己資本比率が高く健全な経営をモットーとしています」「当金庫は積極的に融資を伸ばしていて地域社会の活性化に貢献しています」などとトークを展開しよう。

数字よりもトピックスを中心に紹介するのもよい。地域貢献活動、企業支援・人材育成活動、地域密着型金融の取組み、金融仲介機能のベンチマークなどは、企業にとって取引金融機関を選ぶ際の重要な指標となる。中間期のミニディスクロージャー誌も使えば、これを理由に年2回訪問できるので、ぜひ活用したい。

**■ 訪問のポイント**

**強みやトピックスを紹介し、頼れる金融機関であることをアピールしよう！**

# 14 ◆法人向けの新サービスの紹介

## 人材派遣会社と先日提携したので、人材面での課題はぜひご相談ください！

近年、全国の金融機関が人材紹介の関連業務に参入している。中小企業にとって人手不足が深刻な課題となっている中では、こうした新サービスの紹介も十分な訪問理由になる。ただし、ひと口に人手不足といっても、欲しい人材が集まらないのか、募集ノウハウがないのか、企業によって課題は異なる。それを事前に確認しておかないとミスマッチとなるので注意したい。

トーク展開としては、最初に自行で人材紹介支援ができるようになったことを伝える。そのうえで、事前に調査しておいた企業の課題、およびその課題を解決できそうな具体的なサービス内容を案内する。経営者が具体的に話を聞きたいというなら、人材派遣会社の紹介、人材派遣会社の担当者との同行訪問へとつなげていこう。

また、人手不足を解消するアドバイス（外注先の紹介、業務改善による効率化など）ができるようになると、一目置かれるだろう。これからも規制が緩和され、新しい法人向けサービスが出てくると思われるので、それをきっかけに積極的に訪問したい。

■ 訪問のポイント
**人材についての事前に課題を把握し、新サービスが解決にどう役立つか案内しよう！**

## 15◆他社の成功（失敗）した事例の紹介

御社の事業拡大の参考になると思い、他社の成功事例をお持ちしました！

同業他社の成功事例や失敗事例を手土産に訪問すれば、ダイレクトに経営者の興味をひくことができる。

情報にはまず公にされているものがある。一般の書籍やコンサルティング会社発行の情報誌、中小企業白書のコラムには様々な成功事例が掲載されている。失敗事例は帝国データバンクの書籍などが興味深い。手ごろな方法にインターネットによる検索もあるが、情報の真偽を見極める必要がある。

一方で公にはなっていない情報として、自行の取引先の事例が挙げられる。企業が特定されないよう守秘義務に注意する必要はあるが、情報としての価値は高い。いずれにせよ、他社の成功（失敗）事例を仕入れたら、それを理由に企業を訪問してみよう。

紹介する事例は、できるだけ前向きな成功事例にすると話が弾みやすい。ただ、大事なことは成功事例を分析して成功要因をつかんでもらうこと、なぜ成功したのかを突き詰めること。表面的な部分だけでなく本質的な部分にいかに踏み込むかである。そのうえで企業に最適化した方法を、経営者と一緒に見つけ出すことである。

なお、公にされている情報の中に自行の取引先があったら、担当者との同行訪問などで情報収集をしておきたい。それにより、その取引先とも深い関係を築くことができる。

■訪問のポイント

**守秘義務に留意して成功事例を紹介し、最適化した方法を一緒に検討しよう！**

# 16◆公的支援サービスの紹介

## 御社の課題解決につながる、外部機関のご紹介に上がりました。

企業の本業支援（売上向上や製品開発等、企業価値向上に資するもの）に欠かせないのが、「公的支援サービス（外部の公的支援機関や外部専門家）」である。

大半の公的支援サービスは無料であり、これを紹介するのは立派な訪問理由になる。特に営業店の現場では、本業支援を行職員が直接行うことは難しいので、外部機関を活用することになる。

活用できる外部機関を列挙すると、「よろず支援拠点」「○○ビズなどの売上向上相談拠点」「ミラサポ」「認定支援機関」「商工会・商工会議所の相談員」「中小企業基盤整備機構」「日本人材機構」などがある。

こうした外部機関を紹介するにあたっては、まず経営者から経営に関する悩みなどを丁寧に聞くことが重要となる。そして企業がどのような課題を抱えているのかをしっかり把握しよう。

それぞれの外部機関には得手・不得手がある。本部の専担部署とも相談しながら、企業の課題にふさわしい外部機関を選び、経営者には「ご同行しますから一緒に相談に行きましょう！」と声をかけたい。

■訪問のポイント

企業の課題を丁寧にヒアリングし、解決に資する外部機関を紹介しよう！

## 17◆新しく募集が始まる補助金の案内

御社に役立つ公的な補助金について、ご案内に伺いました。

公的な補助金や助成金（以下、補助金）は返済義務がないので、企業にしてみれば、その情報は喉から手が出るほど欲しいものである。企業を訪問する際は、前もって具体的に企業が活用できるものをピックアップしておく。例えば、コロナ禍に関連した様々な補助金などが考えられる。該当する飲食業などには「この補助金を活用して、経費を賄うことができるかもしれません」「申請書の作成を手伝いますので、ぜひチャレンジしてみませんか」と展開していく。

補助金の紹介で気をつけなければならないのが、「必ず採択されますよ」といった断定的な話をしないことである。補助金は申請すれば必ず支給されるものではなく、申請書の書き方、アピールの仕方などで採択率が大きく異なってくる。

また、補助金は原則として申請した事業が終了し、検査を受けないと支給されない。それだけに当面の資金繰りなどが課題となる。つまり本アプローチトークを展開することで新規融資も期待できる。

■ 訪問のポイント

**企業に合った補助金を抽出し、受給要件や申請方法などを説明しよう！**

# 取引先の変化

## 18◆新規取引先に関するヒアリング

販路開拓に成功されたそうですが、どういう取引条件になっていますか？

企業が新しい販売先・受注先を獲得した（販路開拓に成功した）場合は、訪問して「新しいお取引先について詳しく教えてください」とお願いしてみよう。企業には「なぜ？」という反応をされるかもしれないが、取引金融機関としては必要な〝押し〟である。なぜなら、新規取引先を知ることはその企業を知る近道だからだ。

そこで、新規先については次のようなことをヒアリングしたい。

・新規先はどんな企業なのか

・どんなきっかけで取引に至ったのか
・取扱商品は何か
・取引の量（月商）はどれくらいか
・取引条件はどうなっているか
・新規取引のためにどんな対応を行ったか（設備や人員の手配など）

自身の担当企業が販路開拓に成功したことは喜ばしいが、担当者はうかうかしていられない。企業にとっても、新規先との取引はまだ手探りの状態だ。経営者だけでなく、営業担当者や製造現場も相当の気遣いをしているはずである。

そこで担当者としては、企業のサポートに重きを置いて対応したい。新規取引にあたり「不足しているものはないか」を確認してみよう。ヒアリングは、「何でも構いません。お手伝いできることがありましたら、遠慮なくおっしゃってください」程度の声かけからでよい。

■訪問のポイント

**取引先が新規開拓に成功した場合は、その経緯や条件などを確認しサポートを申し出よう！**

# 19◆知らない企業からの入金についての確認

**お取引のなかった企業から入金がありましたが、その経緯を教えていただけますか？**

資金使途などの確認で融資金のトレースを行う担当者は多いが、優秀な担当者は、被仕向（自行が入金先となる）取引もしっかりと確認している。これまで名前を見たことがない企業から入金があった場合、「こちらの企業様から入金がありますが、どういった経緯でお取引に至ったのですか」と聞けばよい。

入金に担当者が気づく→経営者に質問する→経営者は自社に関心を持ってくれていると喜ぶ→担当者への信頼が増す→次の取引展開を期待できる――という好循環が生まれるはずだ。

その入金が新規取引によるものなら、販売拡大に伴う資金需要がないかを確認しよう。一時的なスポット入金であれば、何のための資金かを確認したい。もし経営者が入金の理由を教えてくれなかったら、側面調査を行うべきだ。決して放置してはいけない。

入金した企業について調べたり、取引先の業績に何か変化がないか確認したりする。その理由によっては自行の対応を変えなくてならない。

■ 訪問のポイント

**取引先への関心を示すとともに、取引拡大に伴う資金需要を確認しよう!**

## 20 ◆ 元請先の海外移転に伴うヒアリング

元請けが生産拠点を海外に移すそうですが、御社も海外移転をお考えですか?

大手製造メーカーなどが、生産拠点を海外に移すことは珍しくない。移転の目的はもちろんコストダウンだ。そのため下請中小業者は、元請先にとってのコストダウン対象になるかならないかで大きく立場が変わる。

まずは、企業が次のどれに分類されるかをさりげなく探ろう。

・高い技術力がある
↓国内から元請先に部品供給を継続、または一緒に海外進出する
・一定の技術力がある
↓自力で一緒に海外進出する
・一般的な技術力
↓汎用品があるため取引が代替される可能性が大きい

相応の技術力があるなら、海外進出に関する情報を提供して企業の方向性を確認しよう。もちろん国内に留まるというなら、取引の代替の可能性や代替されたときの挽回策を聞きたい。

金融機関としては、同じような状況に置かれた他社の例を参考材料として情報提供したり、海外現地における金融面の情報収集・提供をしたりすることが肝要になる。海外・国内のどちらを選択するにしても、どこまで支援できるか事前に方向性を確認しておこう。

**■訪問のポイント**

**メーカー側から見た重要度を聞き、他社の例を参考材料として情報提供しよう！**

# 21◆新しい設備を導入したことの確認

新しい設備を導入したそうですね。どのくらい生産性が向上するのですか？

新しい設備を話題にすれば経営者は喜ぶが、金融機関の担当者は機械や設備については門外漢だ。この状態で経営者に印象を残すには、「今度の設備はX社製の〇〇型だと聞きました。従来と比べてどこが優れているのですか」といったトークを用意したい。

そのためには、導入する設備について事前に確認しておく必要がある。普段から企業の現場作業員などとも接触を図り、情報収集できる相手を作っておくとよいだろう。また、性能やスペックなどもインターネットで調べておきたい。詳細は分からなくても、経営者と設備の話をするときの基礎知識として十分使えるはずだ。

面談の際には、次のような点をヒアリングしよう。

・設備投資を行った目的
・設備導入により期待する効果
・新規設備にかかった諸々の費用（資金調達を含む）

・業界内での当該設備に対する評価

設備資金は他の金融機関で調達されていたとしても、これらについてヒアリングすることで、設備投資による増収見込みなどを聞き出せれば、増加運転資金のアプローチができる。

■訪問のポイント

**新しい設備の概要を事前に調べておき、導入後の効果などを確認しよう！**

## 22 ◆人材採用状況についてのヒアリング

採用の状況はいかがですか？
良い人材は採用できましたか？

人材募集については、企業が今後の計画として教えてくれることもあれば、地域情報誌の求人欄などで分かることもある。多くの場合、店舗や事業の拡大に伴うものであり、前向きな要素が大きいため、運転資金ニーズのキャッチにつなげていきたいところだ。

ただ、金融機関が人材そのものを紹介するのは難しく、現実的には企業の採用活動を見守る対応にならざるを得ないが、「採用活動は進んでいますか」などとフォローしていくことは必要だろう。採用が無事に完了すれば、人員増を踏まえた業務展開、それに伴う資金繰りの話題へと進んでいくことができる。

一方で、採用活動がうまくいっていないようであれば、どのような募集活動を行っているかをヒアリングし、本部や外部機関と連携してノウハウを提供してみることも一考だ。最終的に採用が決まらなくても「企業が抱える問題の1つに協力した」というプロセスを通じて信頼関係は深くなる。

人材確保は、特に中小企業にとって深刻な課題であるため、金融機関としても協力する姿勢が望まれるだろう。

■訪問のポイント

**採用活動の進捗状況をヒアリングし、人材募集のノウハウを提供しよう！**

# 23◆ＩＳＯ認証の取得についてのヒアリング

環境対策を熱心に取り組まれていますが、ＩＳＯ認証の取得はお考えですか？

ＩＳＯ認証には、品質（９００１）・環境（１４００１）・情報セキュリティ（２７００１）・食品安全（２２０００）・労働安全（４５００１）などの規格があり、わが国では主にマネジメント・システムの高度化を裏付けるために取得される実態がみられる。

したがって、業務管理の高度化を志向・模索している企業との話題に適している。実務上は、これまでＩＳＯ認証を取得していない企業に加え、すでに何らかの認証資格等を持つ企業にも、話を展開することが可能だ。問題意識の高い経営者などに対して、ＩＳＯを材料に「今後のマネジメント高度化への意向」等を照会することも一案となろう。

他方、相対的に取得企業の多いＩＳＯ９００１でも、取得に少なくとも１００万円台後半から２００万円を要することに加え、その後の維持・更新費用も継続的に必要となる。取得支援業者の宣伝文句には「官公庁からの入札の加点対象となる」等がみられるが、入札に結びつく保証もない。費用負担を嫌って更新中止に至る企業も多い。そうした〝耳障りの悪い〟情報も有効となろう。

■訪問のポイント

ISOを材料として、
マネジメント高度化への意向をヒアリングしよう！

## 24◆地域貢献にまつわる受賞のお祝い

地域貢献企業100社に選ばれましたが、どんな取組みが評価されたのですか？

実際のところ、各企業は部外者が認識する以上に生産・物流・販売拠点等にまつわる「近隣対策」に腐心していることが多い。このため、「地域貢献にまつわる賞を受賞した＝地域貢献の事実を第三者に認められた、そうした〝お墨付き〟を得た」という事実に、報奨金の有無や報道実態以上の満足感を得ていることも多い。

これらの前提として、地域への有形無形の貢献が、多方面から様々な形で多頻度に求められている実態もみられる。ただ、中小・零細規模の企業にとって、そうした負担は決して小さくない。

したがって、自社の努力・協力や地域貢献ぶりを話題とされることを嫌う企業は例外的なため、本件のような受賞がみられた企業に、こうした話題を出すことは総じて合うものと解されたい。

その一方で、地域貢献にまつわる賞は、全国各所で数多くの対象先に高頻度で授与されてもいる。そのため、受賞自体に必ずしも希少性はなく、陳腐化もしやすい。したがって、「この受賞をどう対外的にアピールして商機につなげていくか」という話題に展開し、これにまつわる情報を提案したい。

なお、こうした受賞企業は同種または類似した賞などを過去にも受賞していることが珍しくないので、念のため過去の受賞歴等を参照したうえで面談に臨みたい。

■ 訪問のポイント

**地域貢献に関する取組みをヒアリングし、商機につなげる情報を提供しよう！**

# 25◆新商品・サービスについてのヒアリング

## 新商品の開発経緯などについて、お聞かせいただけませんか？

新商品・サービスを発売・提供した企業は、当然に売上伸張を期待するとともに、ユーザー側の反応を知ることも強く希望する。嗜好の多様化によって商品・サービスの寿命が短期化する中では、「ユーザーの反応を速やかに捉えて中身や提供方法を素早く見直すべき」という圧力が働くためだ。

こうした背景の下で、従来型の掲示広告に代わり、商品の配布によって直接的な反応を早期に知るためのサンプリングプロモーションなどのイベント関連広告が、著しく伸張している。よって、特にエンドユーザー向けの商品・サービスを提供している企業には、こうした話題を投げかけることが合う。

そのうえで、「どのような潜在ユーザーのどんなニーズに応えることを意図して商品・サービスを開発したのか」と話を展開させていくことが自然だ。企業側の意図を否定することなく、「こうした潜在層にも訴求が可能ではないか」という観点でも意見を述べ、前向きな議論をもたらすことが望ましい。

さらに、調査や販路拡大への協力を申し出られればなおよい。面談に先んじて、公開情報等を丹念に参照されたい。

■訪問のポイント

**公開されている情報に丹念に目を通し、販促手段についての情報提供を行おう！**

# 経営環境の変化

## 26◆地域の中核企業の移転に伴う影響の確認

○○社が東京に移転しましたが、御社には何か影響はありますか？

地方企業の本社が東京を中心とした都市部に移転する産業空洞化が問題となって久しい。地方企業の本社の東京移転は、地域経済にとって以下のようなデメリットをもたらす。

・新たなビジネスチャンス創出機会の損失…企業の本社は、新たな事業、製品・サービス・技術の意思決定を行うため、その移転は地域内外から企業、人、資本を呼び込むといったビジネスチャンス創出の機会そのものが減ってしまう。

・地域の産業への波及…企業の本社がなくなれば、地元の企業に対する物品の発注やサービスの利用が減少する。地域の中核企業ともなれば、そのビジネスチャンスを求めている企業の需要も落ちる。

このトークが適している企業は、メーカーの下請けや外注先である。地域金融機関としてはこのような企業に対して積極的に支援の手を差し延べたい。具体的には、販路拡大の支援を検討し、自行の取引先の紹介や、ビジネスマッチングのイベントの案内などを通じて、地域内外からの受注増加に結びつけることを目指そう。

■ 訪問のポイント

**中核企業の移転による影響を確認し、販路開拓の支援を提案しよう！**

# 27◆大型の商業施設進出（撤退）に伴う影響の確認

## ショッピングモールができましたが、御社に何か影響はありますか？

大型商業施設の進出は、地域に雇用や税収をもたらす一方で、商店街の衰退につながる。地域金融機関としては、こうした負の影響を少しでも弱め、地元商店の活性化を支援していきたい。商店街協同組合や商店連盟事務局を訪問して影響を聞いてみよう。そのうえで、支援策を検討していきたい。

支援策としては、例えば大型商業施設と地域の商店が連携するプロジェクトへの参画が挙げられる。自治体や商工会議所などと一緒に金融機関がコーディネーターとして加わって支援すれば、活動が円滑に進む。

具体的な取組みには、大型商業施設と商店街の合同スタンプラリーなどがある。商業施設と商店街の両方で買い物をするので、商店は集客・販売促進の両面で効果を期待できる。これ以外にも昨今の商店街では、大型商業施設への顧客流出を抑えるとともに地域における存在感を高めるべく様々な活動を行っている。

地域金融機関は、そうした事例も情報提供しながら、日頃から商店街の指導者やリーダーと共に街づくりのビジョン形成にも深く関わっていくとよいだろう。

■ 訪問のポイント

組合などに声をかけ、
街づくりの取組みの情報提供や仲介をしよう！

# 28 ◆取引先に関わる業界動向のヒアリング

ＩＴ業界は好調と言いますが、
御社の販売への影響はいかがですか？

動向が大きく変化している業界に属する企業に対し、業績への影響や自社の展開を聞くことも、立派な訪問理由となる。ここではＩＴ業界を取り上げて解説したい。ＩＴ業界は、経済産業省の分類で情報サービス業に該当し、「ソフトウェア業」「情報処理・提供サービス業」「インターネット付随サービス業」に分けられ、これらの企業には次のような課題がある。

・ソフトウェア業…スマートフォンの普及により新しいOS（基本ソフト）の誕生や、ソフトで処理する作業の多様化などを背景として、顧客の要望に即座に対応できる開発手法が課題となっている。

・情報処理・提供サービス業…ビッグデータを活用する手法が重視されており、大量のデータを基に、統計やパターン認識などの手法で分析するデータマイニング技術に対応できる知識とサービスが求められている。

・インターネット付随サービス業…日進月歩で新しい技術が生まれる業種なので、最新技術の提供が最も課題となる。ウェブサイトを作成する場合はセンスのあるデザイナー、ショッピングサイトを構築する場合はデータベースの活用に強いプログラマーが必要となる。

企業には、こうした課題があるのではないかと仮説を立てて訪問したい。そのうえでニーズを発掘することができれば、本業支援やビジネスマッチングにつながる。

ＩＴ業界は変化が激しいため新しい技術やトレンドが登場するたびに、その情報を収集・対応することが欠かせない。地域金融機関もそれを踏まえて継続的に訪問していきたい。

■ 訪問のポイント

業績への影響や展開についてヒアリングし、本業支援やビジネスマッチングにつなげよう！

## 29 ◆ 都市計画による影響のヒアリング

近くで都市開発の予定がありますが、御社に何か影響はありますか？

都市計画は、住宅・商工業地、公共施設などを整備し、様々な開発も伴う。そのため本声かけから、不動産開発業者をはじめとする様々な企業に影響を聞き、経営状況を掘り下げるとよい。

例えば、商業施設やビル、マンション、宿泊施設などを開発するデベロッパー（開発業者）、注文住宅や建売住宅などを手がけるハウスメーカー、物件の売買・賃貸を仲介する不動産仲介業者などを訪問したい。マンションや一戸建ての販売を手がける住宅販売会社や、不動産物件を管理する管理会社も対象となる。

金融機関の担当者はまず、こうした不動産開発の一連の流れと業者を押さえよう。例えば新築物件なら、デベロッパーが土地を仕入れ、ゼネコンやハウスメーカーと協力してマンションや一戸建て住宅、ビルを建て、それをデベロッパーやハウスメーカーなどの販売会社が販売する。そして管理会社が建物の保守・管理業務を行う。

都市計画について聞きつけたらこうした業者を訪問して、土地や物件を仕入れるための資金ニーズがないか確認しよう。

■ 訪問のポイント

**不動産などの開発業者に着目し、具体的な影響や資金ニーズを確認しよう！**

# 30 ◆ 経営する商業ビルのテナントに関する影響

テナントが撤去されたようですが、何か影響はありますか？

このトークは、商業ビルテナントを経営する企業に利用したい。商業ビル経営は、アパート・マンション経営と同様に入居者の影響を受ける業態だ。アパート・マンションとは違い、商業ビルは、一般的に1つの企業・店舗が広い面積を利用する。契約相手が2～3社などと少ない分、1社の入退去が経営に大きな影響を与える。

こうした企業には経営への影響を抑える方法を情報提供したい。具体的には、テナントとの契約を定期建物賃貸借契約として前もって退去時の取決めを行う、建物の付加価値を高めて周辺ビルとの差別化を図るなどリスク回避策をあらかじめ講じておく、といったアドバイスを行いたい。

想定外の空きが出た場合は、自行開催の創業セミナー参加者（起業者）を商業ビルに紹介したり、自治体や商工会議所などの空き店舗対策事業と連携したりして新たな入居者を紹介することも必要である。

また、今後商業ビル経営を予定している先には、飲食店や美容室、事務所、介護施設など様々なテナントの入居に対応できるよう設計することをアドバイスしよう。

■ 訪問のポイント

入退去の影響を聞き、入居率向上やリスク回避策をアドバイスしよう！

## 31◆近隣不動産が変化したときの確認

お隣が更地になりましたが、この土地がどうなるかご存じですか？

このような訪問理由は、需要拡大に伴う事業拡大を検討している企業に適している。例えば、工場用地の取得を考えているメーカー、新規出店や店舗増築、駐車場増設による売上拡大を計画している小売・サービス業などだ。

ただし、訪問前に更地の利用予定の有無を確認しておこう。市役所などの公的機関に建築確認が申請されていたり（建築計画概要書で確認できる）、更地に建築計画の標識が掲示されていたりすれば、その時点で土地利用の計画は決定している。

計画が未定で訪問先の経営者が事業拡大を考えているなら、融資開拓の絶好の機会となる。ヒアリングして事業計画を確認したうえで、具体的な計画策定の支援に取り組もう。その際、更地購入による費用対効果の妥当性を検証するなど、円滑に運営するためのアドバイスに努めたい。

事業計画を策定する際は、自行の本部専門スタッフの活用や、提携している中小企業診断士や税理士を派遣するなど、専門家との連携を通じて計画の実効性を高めるとよい。また、訪問先経営者が隣地購入を考えていない場合は、この情報を自行内のシステムで共有し、土地所有者と利用したい事業者とをマッチングさせたい。

■訪問のポイント

**更地の利用予定などについて下調べをし、事業拡大などのニーズがあれば対応しよう！**

# 32 ◆ BCPの確認と情報提供

## 大きな災害などの発生に備えて、BCPを作成されていますか?

ＢＣＰ（事業継続計画）とは、企業が災害（台風や集中豪雨、大地震等）やテロ攻撃、サイバー攻撃などに直面した場合に、損失を最小限にとどめ、事業の継続あるいは早期復旧を実現させるために作成するものである。

緊急事態は突然に発生する。そのとき、適切な措置を講じることができなければ、特に経営基盤が脆弱な中小・零細企業は倒産や廃業に追い込まれたり、事業を縮小せざるを得なくなったりする。だからこそＢＣＰは重要で、その必要性を伝えることは立派な訪問理由になる。

実際のところ、ＢＣＰの必要性については認識しているものの経営上の優先順位が低く、策定していないという企業は多いだろう。ＢＣＰを作っていないというなら「近年の異常気象で、かつて経験したことのない大災害に見舞われることもあり、企業経営上のリスクは高まっており、そのリスクを抑えるためＢＣＰへの関心は高まっています」と作成の必要性を訴えたい。

そのうえで、具体的にどんな要素を盛り込むべきなのかをアドバイスすれば、自行との取引拡大のきっかけとなる。

■訪問のポイント

**ＢＣＰの有無についてヒアリングし、作っていないなら必要性をしっかり訴えよう！**

第2部

# 中級編

## 情報活用アプローチ編

# 目の付けどころ

貸借対照表のサンプルを挙げ、
着目すべきポイントについて紹介する。

（単位：千円）

| 科目 | 金額 |
|---|---|
| （負債の部） | |
| 流動負債 | |
| 支払手形 | ××× |
| 買掛金 | ○59,623 |
| 短期借入金 | ××× |
| 未払金 | ○35,888 |
| 賞与引当金 | ××× |
| その他 | ××× |
| 流動負債合計 | ○ 300,022 |
| 固定負債 | |
| 社債 | ××× |
| 長期借入金 | ○ 256,248 |
| 役員借入金 | ○ 26,448 |
| 退職給付引当金 | ○ 125,132 |
| その他 | ××× |
| 固定負債合計 | 356,699 |
| 負債合計 | 656,721 |
| （純資産の部） | |
| 株主資本 | |
| 資本金 | 100,000 |
| 資本剰余金 | ××× |
| 利益剰余金 | 31,522 |
| 自己株式 | ××× |
| 株主資本合計 | ××× |
| その他有価証券評価差額金 | ××× |
| 純資産合計 | ○ 351,256 |
| 負債・純資産合計 | ○1,007,977 |

**04 流動比率**
- 流動負債に対する流動資産の割合を見て大きく下がっていないか確認

トークは➡P.70

**09 買掛金**
- 前期に比べて大きく変化していれば仕入先や支払条件を変えたか確認

トークは➡P.80

**10 未払金**
- 未払金が発生していれば何を購入したのか確認

トークは➡P.82

**11 長期借入金**
- 借入金のうち、長期借入金の割合が高いかどうか確認

トークは➡P.84

**12 役員借入金**
- 発生していたり、増えていれば借入れの経緯をヒアリング

トークは➡P.86

**13 退職給付引当金**
- 前期と比べて大きく減っていれば退職した人について確認

トークは➡P.88

**14 自己資本比率**
- 自己資本の比率が落ちていないかを確認

トークは➡P.90

# 貸借対照表の

**01 現預金**
・前期や前々期と比べて大きく変化していれば理由を確認
トークは➡P.64

**02 売掛金**
・増えていれば売上と合わせて増加しているかを確認
トークは➡P.66

**03 在庫（棚卸資産）**
・棚卸資産、製品および商品、半製品などが大きく増減しているか確認
トークは➡P.68

**05 前払金・前払費用**
・どんな取引を行って前払金が発生したのか確認
トークは➡P.72

**06 未収金**
・計上されていれば回収の見通しを確認
トークは➡P.74

**貸　借　対　照　表**
（令和○年３月31日現在）

| 科　目 | 金額 |
|---|---|
| （資産の部） | |
| 流動資産 | |
| ○現金及び預金 | 256,642 |
| 受取手形 | ××× |
| ○売掛金 | 52,113 |
| ○棚卸資産 | 143,544 |
| ○前払金 | 13,212 |
| ○未収金 | 15,621 |
| 貸倒引当金 | ××× |
| その他 | ××× |
| 流動資産合計 | ○586,421 |
| 固定資産 | |
| （有形固定資産） | |
| 建物 | ××× |
| 機械及び装置 | ××× |
| 土地 | ××× |
| その他 | ××× |
| （無形固定資産） | |
| ソフトウェア | ××× |
| その他 | ××× |
| （投資その他の資産） | |
| ○投資有価証券 | 26,555 |
| 出資金 | ××× |
| 役員貸付金○ | 15,365 |
| 貸倒引当金 | ××× |
| その他 | ××× |
| 固定資産合計 | 421,556 |
| 資　産　合　計 | 1,007,977 |

**08 有価証券**
・これまでより増えていれば投資の経緯をヒアリング
トークは➡P.78

**07 役員貸付金**
・どんな経緯で役員貸付金が計上されたのかをヒアリング
トークは➡P.76

## 01◆現預金の動き

### 現預金が減少していますが、何か大きな取組みをされたのですか？

現預金の減少は手元流動性の悪化を意味する。企業財務としてはマイナスイメージを連想しがちだが、プラスの企業活動の結果ということもあるので、本アプローチトークで確認しよう。

例えば、設備投資を手元資金で行っている場合には、当然に現預金は減少するが、設備投資に踏み切るからには先行き多数の受注を見込んでいるはずである。日常的に工場に顔を出していれば設備投資の有無に気づくことができるし、それ以外にも毎月試算表の提出を受けていれば、貸借対照表の固定資産勘定が増加しているはずなので、どんな設備を購入したのかを確認しよう。

設備投資以外にも、M&Aで事業分野の拡大を図ったため、現預金が減少していることが考えられる。事業分野の拡大は設備投資のように企業を外形的に観察しているだけでは把握できないため、経営者からのヒアリングがポイントになる。

企業が現預金を使えば、資産勘定のどこかが変化するので、試算表を入手するたびに勘定科目の変化に注目する必要がある。それが、設備投資や事業分野の拡大など企業活動が活発化するものであれば、売上が増加するので運転資金等が必要になってくる。企業活動の変化を経営課題や資金需要の掘り起こしにつなげていこう。

**担当者**：今期、現預金が減りましたね。何か投資活動をされたのですか？

**経営者**：M&Aを行ってね。知り合いの企業の事業分野の一部を買収したんだ。

**担当者**：事業の拡大を図られたのですね。となると、その分、運転資金等が必要になってくるのではないですか？

**経営者**：鋭いね。でも、そのあたりは手元資金で大丈夫かな。それよりも課題となるのは既存の事業と買収した事業の融和かな。

**担当者**：M&Aでよく聞かれる課題ですね。よろしければM&Aを行った他社さんの成功事例をご紹介させてください。

■ アプローチのポイント

**企業活動の変化を察知し、経営課題や資金需要の掘り起こしにつなげていこう！**

# 02 ◆売掛金の動き

## 売掛金が増えていますが、商品の販売が好調なのですか？

売上高に変動がない場合、売上高が減少しているにもかかわらず、受取手形や売掛金などの売上債権が不自然に増加している場合は、不良債権の存在や、架空債権計上による売上の水増し（粉飾決算）を疑わなければならない。一方、売上高とほぼ同じペースで売上債権が増加しているなら、正常な企業活動が営まれていると解釈できる。

売上高が増加すると、それに伴って仕入代金の支払いも増加する。売上債権の回収サイトよりも仕入債務の支払サイトのほうが短い企業では、売掛金等の回収に先行して仕入代金の支払いが発生するほか、人件費や輸送費、水道光熱費などの諸経費も増加するため、運転資金が必要になる。

このような資金需要を増加運転資金という。増加運転資金の発生は企業活動が活発化していることの現れなので、絶好の融資機会としてポジティブに評価する必要がある。

一方で、売上債権が増えているということは、回収するまではその分の利益が確定しないということを意味する。そのため売上債権の適切な管理も求められる。特に売掛金の残高が多額に計上されている売掛先があれば、取引限度枠の設定など適切な与信リスク管理が必要になる。取引金融機関として、リスク管理手法等をアドバイスしよう。

**担当者**：売掛金が増えていますが、商品の販売が好調なのですか？

**経営者**：おかげさまで、引き合いが増えていてね…。

**担当者**：ただ、売上より売掛金が増加しています。売掛金のサイトが延びているのではないですか？

**経営者**：よく見ているね。発注が増えたが売上債権の回収条件は悪くなってね。資金繰りが少しタイトになりつつあるんだ。

**担当者**：融資による支援も考えられますが、その前に売上債権や仕入債務の回転期間を確認してみませんか。業界平均に比べて悪いようなら、取引条件の見直しも必要かと思います。すぐに情報をお持ちいたしますね。

**■アプローチのポイント**

**売上高の増加を確認し、適切なリスク管理手法をアドバイスしよう！**

# 03◆在庫（棚卸資産）の動き

## 在庫（棚卸資産）が減少していますが、管理方法を見直されましたか？

在庫は、資金を寝かせていることでもある。資金繰りを悪化させるだけでなく、倉庫代や在庫管理の人件費など様々なコストがかかる。「放っておくと増えるものは在庫と経費」などといわれるように、在庫は過剰になりがちだが、在庫を多く持っていれば、その分営業活動や生産活動を行いやすいという側面もある。企業経営において在庫管理が重要だといわれているのはこのためだ。

在庫が減少する要因は、「在庫管理システムを導入または見直した」「需要予測を誤って仕入れ・製造が間に合わない（販売が好調）」「主力商品・製品を変更する」などが考えられる。

適正在庫の把握・維持は資金効率の向上と収益性改善のために不可欠であり、その前提として、市場動向の分析に基づく適切な仕入活動が重要になる。自行の調査部門のレポートや各種調査機関の分析などの情報を提供しよう。

また、主力の商品・製品を転換するなど戦略的な在庫調整であれば、今後の販売・生産計画などをヒアリングして資金面でのサポートを提案しよう。

なお、長期間滞留していた在庫を処分したのなら、資金繰りは一時的に改善するものの、原価割れで処分による損失が発生しているはずだ。その場合、今後の事業計画をヒアリングし、資金面の支援だけでなく不良在庫を発生させるに至った経営全般の改善・指導を申し出よう。

**担当者**：在庫が減少していますが、管理を見直しているのですか？

**経営者**：倉庫が手狭になったので、毎月の実績に合わせて在庫を減らすようにしたんだ。

**担当者**：合理化を進められたのですね。在庫の売却は計画通り進められたのですか？

**経営者**：いや、原価割れで廃棄処分した分もあるんだ。

**担当者**：損失の発生により悪化した財務の改善も支援しますので、今後の販売計画について詳しくお聞かせください。

■アプローチのポイント

**今後の販売・生産計画などをヒアリングし、資金面でのサポートを提案しよう！**

# 04 ◆流動比率の動き

## 流動比率が低下していますが、改善に取り組んでいることはありますか？

流動比率は「流動資産 ÷ 流動負債 × 100」によって算定される。短期的に決済されるべき流動負債をカバーするために、十分なだけの流動資産を保有しているかをチェックするための指標である。流動比率は、一般的には100％以上の水準を維持していることが必要とされるため、連続的に企業の貸借対照表を見て低下していないか確認しよう。

流動比率が悪化している場合、決済すべき支払債務に対応するだけの財源が縮小していることを意味する。仕入れに見合うだけの販売活動ができていないおそれがあるため、その点のサポートが必要だろう。ただし、流動比率はあくまで流動資産全体を計算の対象としている。つまり、実際に早期回収が困難である未収金や短期貸付金なども含むことも考慮しなければならない。

より厳密に確認するためには、当座比率（当座資産 ÷ 流動負債 × 100　当座資産は現預金・売掛金・受取手形および有価証券で計算）を併せてチェックすることが有効である。当座資産からは商品などの棚卸資産を外しているため、よりストレートな資金決済能力を測ることができる。例えば、流動比率は高いものの、当座比率になると数値が悪化する場合、流動資産のうち棚卸資産に占める割合が多い可能性がある。そこで、在庫に関して何か課題がないかヒアリングすることが有効となる。

流動比率や当座比率から、資金決済力の安定性や在庫水準の適切性を測り、そこから本業支援や融資による支援に結び付けていきたい。

**担当者**：流動資産が減っていることで、流動比率が昨年より低下しています。改善策は何かお考えですか？

**経営者**：仕入れに見合った売上が上がっていないんだけど、何か具体的な対策はあるの？

**担当者**：販売活動面で課題に感じていることはありますか。また仕入れの適正化を図るという考え方もあります。これらの分野に強い専門家をご紹介することもできますが、ご関心はありませんか？

**■アプローチのポイント**

**在庫に課題がないかヒアリングし、本業支援や融資による支援に結び付けよう！**

# 05◆前払金・前払費用の動き

## 前払金が計上されていますが、どんな取引で前払いを行ったのですか?

前払金とは、一種の手付金とイメージすると分かりやすい。例えば、食品販売会社が商品である缶詰500万円の仕入代金のうち、100万円を手付金として払った場合に、これが前払金として流動資産に計上される。

これと似ているものに前払費用がある。これは、営業車両のリース契約で毎月50万円を支払うところ、12月に3月末決算日までの残り3カ月分をまとめて支払うと、その分が前払費用として流動資産に計上される。

いずれも計上されることに問題があるわけではなく、資金繰りという観点で企業に先払いする余力があることを意味している。

ここでは、どのような取引に関して前払いを行ったのかをヒアリングしたい。それによって、取引の発注額などが把握できる。前向きな投資であれば、増加運転資金を含めて自行で積極的にサポートしていきたい。

ただし、全体の取引金額に対する前払金の割合については、別途考える必要がある。長年の取引関係からかなりの額を前払いしていたり、仕入先が大手で企業として少々無理をして支払ったりしているということもあるだろう。資金繰りの安定という観点からは、無理をしていないか確認してみることもよいだろう。

**担当者**：前払金が計上されていましたが、どんな取引で前払いをしたのですか？

**経営者**：製品の改良に必要な部品をまとめて仕入れることにしてね。その代金の一部を前もって支払ったんだよ。

**担当者**：新商品ですか？　どんな展開を見込んでいますか。

**経営者**：既存製品を少し改良したものだけど、大量の受注が見込めそうなんだ。その分、仕入量も増やす予定だよ。

**担当者**：そうだったんですね。仕入資金の手当てや製造ラインの見直しなど、当行がご支援させていただくことはありませんか？

### アプローチのポイント

**取引の詳細をヒアリングし、増加運転資金などで積極的にサポートしたい！**

## 06◆未収金の動き

### 未収金が計上されていますが、回収する見通しは立っていますか?

未収金とは、その名のとおり、商品売買などの取引で本来決済されるべき代金をまだ受け取れていない場合に計上する科目である。流動資産の一つと位置付けられているのは、最低でも次の決算日までには回収できる見通しが前提にあるからだ。

しかし、実際は回収が長期化してしまうケースが少なくない。このため、特に業績不振の企業について実態B/Sを作成する際には、当面回収見通しの立たない未収金は除外して資産額を算定することが一般的だ。

企業の業績が悪化していなくても、未収金があるならその内容を確認しておきたい。前期・前々期の勘定明細まで遡って、同じ販売先が何回も登場していないか、あるいは毎期ほぼ同じ金額が計上されていて放置されていないかといった観点でチェックしてみるとよいだろう。

未収金の回収見通しが立たないなら、その販売先との取引を今後どうするのか、また同じような販売先はないかなどをヒアリングしよう。商取引としてルーズになっているなら、専門家を活用した契約内容の見直しも提案できる。

また、中には取引企業間で未収金・未払金の双方があり、いたずらに流動資産がふくらんでいる場合もある。こうした点に気づいて改善のアドバイスができれば喜ばれるであろう。

**担当者**：未収金が計上されていますが、回収見通しはいかがですか？

**経営者**：頻繁に取引がある先じゃないけれど、なかなか代金を払ってくれなくて困っているのよね。

**担当者**：今後も取引するなら契約を厳格にしたらよいかもしれませんね。

**経営者**：そうね。どうしたらいいかしら。

**担当者**：当行で専門家をご紹介できますよ！

### ■アプローチのポイント

**未集金先についてヒアリングし、契約内容の見直しなどを提案しよう！**

# 07 ◆ 役員貸付金の動き

## 役員貸付金がありますが、どんな経緯で貸し付けたのですか？

オーナー企業の貸借対照表には、役員貸付金が計上されていることが少なくない。オーナー社長の一存で自由に資金を融通できるからである。

このような場合、ヒアリングのポイントは資金使途である。事業に有益な投資に使われているのが理想であるが、そうではなく、例えばゴルフ会員権の購入資金など、名目を変えた役員賞与に過ぎないケースもある。後者であれば、現実的には資金回収のメドは立っていないだろう。

監査役や取締役会などのチェック機関があっても、実際は社長が意のままに資金を引き出していることも少なくない。そういう場合は、企業のガバナンスという視点で問題がないかを確認したい。

一方で「会社が社長に貸付を行い、その資金で社長がグループ会社の株式を取得する」など、グループ内の支配関係の整理に利用されるケースもあるが、これは直接的に問題とするものではない。こうした動きの目的を聞き必要に応じて支援を検討したいが、役員からは然るべき期間で返済を受ける必要がある。貸付契約書を作成していない、利息が不明、元本の返済が不定期といったケースでは、正しい手続きを取るよう伝えたい。

役員貸付金が固定化されている場合、それを清算する方法を一緒に検討していくことも必要だ。事業承継に合わせて支払われる役員退職金で返済する方法などを伝えると、事業承継ニーズもつかむことができる。

**担当者：**役員貸付金がありますが、社長への貸付ですか。どんな経緯なのですか？

**経営者：**グループ会社を私が管理しようと思って、株式買取資金を会社から借りたんだ。

**担当者：**前向きな貸付ですね。統合理由は何ですか？

**経営者：**ウチのシステムを子会社と一本化しようと考えているんだ。大きなコストカットにつながりそうだよ！

**担当者：**その分で、何か投資をお考えではないですか。ぜひお手伝いさせてください！

### ■アプローチのポイント

**役員貸付金の使途をヒアリングし、精算方法などを一緒に検討していこう！**

# 08◆有価証券の動き

## 有価証券が増えていますが、どんな経緯で投資を始めたのですか?

有価証券とは、国債・地方債・社債・株式・投資信託などを指し、その保有目的により、会計上の評価方法や科目区分は厳密に分けられている。分類は、売買目的有価証券、満期保有目的の債券、子会社株式、関連会社株式、その他有価証券などだ。

企業の決算書を見て有価証券が増えている場合、勘定科目明細からその内容を確認する必要がある。有価証券が増えるケースとしては、社長が投機目的で株式や投資信託を購入していたり、取引先から株式を購入させられるなどが一般的である。注意すべきは前者の投機目的の場合だ。有価証券への投資は資金繰りに影響するうえ、市況によっては大きな損失を被る可能性がある。

保有目的を聞いたら、さらに「信用取引はないか」「特定の銘柄に集中していないか」などと掘り下げたい。聞きづらい質問なので、日頃から何でも聞けるようコミュニケーションを取り関係を築いておこう。また、誰が有価証券の売買を判断しているのかもつかんでおきたい。企業の総意なのか、社長の独断なのかが分かれば、会社経営のガバナンスを垣間見ることができる。

一方、後者の取引先の株式を購入している場合、その会社との関係が強化されることで、今後の売上・利益の拡大につながるケースがある。株式購入によってそのような事業展開が見込める場合は、企業の資金繰りの状況を把握したうえで、自行で有価証券購入資金の融資を検討できる旨を伝えてもよいだろう。

**担当者**：有価証券の残高が増えていますが、どんな経緯で投資されたのですか？
**経営者**：取引先との関係強化のため、その会社の株式を購入したんだ。
**担当者**：具体的にどんな協業を検討されているのですか？
**経営者**：共同で仕入れることでコストを削減し、その会社の取引先への販路拡大も見込めそうなんだ。
**担当者**：そうなると、増加運転資金も必要になってきますよね！

■ **アプローチのポイント**

**有価証券投資の目的を確認し、事業展開につながる場合は融資を検討してもらおう！**

# 09 ◆買掛金の動き

## 買掛金が今までより増えていますが、仕入れを増やしたのですか?

買掛金とは、商品や原材料などの仕入代金の未払分のことで、主な事業の仕入れで発生する将来の支払義務である。

買掛金は、事業の規模が大きく変化しない限り大きく変化することはない。したがって買掛金が増えている場合は、経営上の大きな変化があったことを意味する。もしそのような変化がない場合は、決算書の粉飾を疑うことになる。

売上が増加して買掛金が増えている場合は増加運転資金が必要となる。担当者としては、まず売上の状況、売掛金の回収状況、在庫の確認をしっかりと行う。問題がないと判断できたら、買掛金の増加は融資取引拡大のチャンスとして前向きに捉えられる。

ただし、買掛金の増加は企業の資金繰りが悪化する要因でもある。企業が買掛金に悩んでいる場合、担当者は支払条件の見直し交渉を勧めたくなるものだが、支払サイトの長期化を打診すれば、交渉相手から「資金繰りが苦しいのでは」などと信用不安を流布される危険性がある。

外部専門家の活用や新たな仕入先の紹介が有効だろう。

買掛金の支払いを遅くするには、最初の取引時の交渉が肝心である。担当者は企業に対し、新たに仕入先と取引するときは、最初の段階で有利な支払条件を交渉することをアドバイスすべきだろう。

**担当者**：買掛金が増えていますが、仕入れを増やしているのですか？

**経営者**：そうなんだ。ただ売掛金を回収する前に支払いがあるので、とにかく資金繰りが大変だよ。

**担当者**：確かにそうですね。

**経営者**：支払いサイトがもう少し長ければ楽になるんだけど…。

**担当者**：増加運転資金の融資も検討できますし、新たな仕入れ先候補のご紹介もできますよ！

■アプローチのポイント

**売上、売掛金、在庫の状況を確認し、融資取引拡大のチャンスとして捉えよう！**

# 10◆未払金の動き

## 未払金が発生していますが、何を購入されたのですか？

未払金とは、通常の取引に関連して発生する債務で買掛金や支払手形以外のもの、および固定資産や有価証券などの資産の購入・その他通常の商取引以外の取引によって発生した債務で、発生後1年以内に支払われるものを指す。

買掛金との違いは、例えば婦人服小売店では、婦人服の仕入れで発生した代金支払債務は買掛金に該当するが、商品を配達する車を購入したときの代金債務は未払金となる。

未払金が発生した企業は、何かを購入し代金を支払う義務があることを意味する。したがって、担当者には何を購入したか、その購入資金をどうやって調達するのかをヒアリングしたい。車のような固定資産の場合は、その購入目的を確認したうえで、企業が今後どんな活動を強化する予定なのか聞いてみよう。

また自行の子会社にリース会社がある場合は、未払金の情報をきっかけに、支払負担を軽減するリースの提案も可能となる。特に法人が社用車を取得する場合、購入するよりリースのほうが会計上のメリットがあるとされている。

車に関するリース料は全額経費処理の扱いになる。リース代金だけでなく、リース期間の自動車税や重量税などの税金、法定点検や車検などの費用、オイル交換などの消耗品の費用なども経費となるため、節税効果が期待できる。企業全体としてのコスト削減や財務諸表の健全化にもつながる。

そのほか通常の取引に関連する未払金がある場合は、長期の未払いとなっているものがないかもチェックし、あればそれを経営課題の一つと捉え支援につなげていきたい。

**担当者：**未払金が計上されていますが、何を購入されたのですか？
**経営者：**営業用の車両だけど。
**担当者：**ということは、今後は営業にさらに力を入れていくのですか？
**経営者：**そのとおり。人も増やそうかと思っているんだ。
**担当者：**当行でもお取組みをお手伝いさせていただけませんか？

■ アプローチのポイント

**購入品と購入資金をヒアリングし、企業にメリットのある提案につなげよう！**

# 11 ◆ 長期借入金の動き

## 長期借入金が多いようですが、返済の負担が重くはありませんか？

長期借入金は通常、決算時点から返済までの期間が1年を超える借入金のことである。一般的には、毎月の返済が伴う証書貸付の方法で借りている。

金融機関は、手形貸付の継続が条件変更に当たるという過去の金融検査の影響もあり、新規融資を証書貸付で取り組む傾向にある。そのため企業の決算書の附属明細を見ると、多くの金融機関から証書貸付で融資を受けている場合が多い。企業としては、借入本数が多いと管理が煩雑なうえ、毎月の返済も多額になり、資金繰りにも悪影響が生じてしまう。

このような決算書を目にしたら、まずは融資の資金使途が設備資金か長期運転資金かを確認しよう。長期運転資金については一本化することを提案したい。また一歩進んで、短期継続融資の提案にも踏み込みたい。これは無担保・無保証の短期融資（手形貸付・当座貸越）で、債務者の業況や実態を適切に把握して継続の可否を判断するものである。

短期継続融資で手当てするべき経常運転資金は、決算書の次の項目から算出する。

・経常運転資金＝〈受取手形＋売掛金＋棚卸資産（商品・製品・貯蔵品など）〉－〈支払手形＋買掛金〉※ただし不良資産は除く

この部分を短期継続融資に振り替える提案を行おう。その資金で長期借入金を返済することで、証書貸付の本数が減り管理が容易になるとともに、毎月の返済額も減り、資金繰りが楽になる。

短期継続融資を活用した財務バランスの改善は、実質的に元本の返済がないことから、疑似資本に近い効果を持ち、経営改善に資することにもなる。

**担当者**：長期借入金が多いようですね。返済の負担が重くはございませんか？

**経営者**：確かに毎月返済が必要で資金繰りが大変だよ。

**担当者**：借入資金はどのような使途なのですか？

**経営者**：運転資金だけど…。

**担当者**：経常運転資金については、手形貸付にすれば資金繰りの改善が図れますよ！

## ■アプローチのポイント

**設備資金か長期運転資金かを確認し、管理が容易になる提案につなげよう！**

# 12◆役員借入金の動き

## 役員借入金がありますが、どんな経緯で借入れをされたのですか？

役員借入金とは、企業が役員から借りたお金のことである。創業期に経営者が個人資産を企業の運営に注ぐことは一般的である。しかし経営が軌道に乗り成長期に入ると、金融機関から資金を調達できるようになってくる。担当者としては、そのような企業で役員借入金が発生していたら、経緯を確認することが重要である。

金融機関からの調達が難しくなり、役員から借りているなら注意が必要だ。他行が自行が知らない情報を握っており、融資を絞っているのかもしれない。そうしたケースのヒアリングは簡単ではないが、問題意識を持って企業を見ることで気づくようにしたい。

役員報酬の代わりに役員借入金としているケースもある。役員借入金は金融機関の融資と違い、返済時期が自由であり、自己資本に近い性質を持つといえる。折り合いがつくようなら、役員が最終的に債権放棄（企業からみれば債務免除）することで企業の利益となり、自己資本比率を改善する効果が生まれる。

しかし、担当者は単純にこのようなアドバイスをしてはいけない。企業の利益が増えることで税金が発生する可能性があるうえ、他の株主等に贈与税がかかる可能性があるからである。税理士などの専門家に必ず相談するよう、ひと言添えよう。

役員が役員借入金を返してもらえるお金と考えている場合、企業に対して役員借入金の返済資金の融資を提案してみよう。融資で借入金を解消できれば、役員は資金を回収でき経営の自由度が増すことになる。

**担当者**：役員借入金が発生していますが、どういう経緯で借入れをされたのですか？

**経営者**：実は財務面が悪化したときにメインバンクから調達ができなくて、私や役員が貸し付けたものが計上されたままなんだ。

**担当者**：そうですか、ですが早期に返済することも大切ですよね。いまは本業が上向き傾向にありますから、財務の健全化のために返済を検討されませんか？　ぜひ一度ご提案させてください！

■アプローチのポイント

**役員借入金の経緯をしっかり確認し、財務健全化のアドバイスをしよう！**

## 13◆退職給付引当金の動き

### 退職給付引当金が減少していますが、どなたが退職されたのですか?

退職給付引当金とは、従業員の将来の退職金支払いに備えて計上される引当金である。退職金制度のある企業は、退職給付引当金の計上が必要となる。会計上の退職給付は、従業員一人ひとりの将来の退職金見込額を基に現在の価値を算出し、さらに外部に積み立てている年金原資を差し引いた金額が計上されている。

退職給付引当金が減少したのなら、退職した人がいたことになる。その場合、人手が不足していないかをヒアリングしてみよう。また退職者があまりにも増えている場合、企業内に不穏な動きがないか疑うことも大切である。

人手不足で困っているという話が出たら、自行の本業支援の専担部署や提携している外部機関を紹介してみよう。

金融庁が2018年3月に規制を緩和し、人材紹介業務は地域金融機関の付随業務に位置付けられた。一部の地域金融機関では、企業と人材紹介会社をつなぎ、求める人材を引き合わせる業務を開始している。自行にそうした支援メニューがある場合、退職給付引当金の減少はビジネスチャンスにつながる。ただし、優越的地位の濫用にならないように注意しよう。

退職給付引当金を計上していない中小企業も多く、その場合は中小企業退職金共済制度（中退共）の活用も提案できる。国の運営機関に毎月掛け金を支払えば、従業員が退職したときに企業に代わって退職金を支払う制度だ。掛け金は全額経費で計上することができる。

**担当者**：退職給付引当金が減っていますが、どなたが退職されたのですか？
**経営者**：定年退職でね。ちょうど人数が多い世代だったから…。
**担当者**：ベテランがいなくなったのでは現場は苦労されているのではないですか？
**経営者**：彼らのスキルに頼っていた商品もあるからね。
**担当者**：即戦力の人材紹介について一度ご提案させてください！

**■アプローチのポイント**

**人手が不足していないかをヒアリングし、自行の本業支援部署や外部機関を紹介しよう！**

# 14 ◆ 自己資本比率の動き

## 自己資本比率を高めるための取組みについて、何かお考えですか?

自己資本比率は企業の基礎体力を表す指標で、「自己資本÷総資本×100」で算出される。借入れと違って自己資本は返さなくてもいいので、基本的に自己資本比率が高いほど経営の安全性が高いといえる。

自己資本比率が低下していれば、経営の危険度が増していることを意味するので、改善策をヒアリングしたい。担当者としてはただ聞くのではなく、あらかじめ自己資本を増やす方法を知識として持っておきたい。

自己資本を増やす第一の方法は資本金を増やすこと、すなわち増資である。しかし中小企業が一気に増資することは難しいので、中長期的に増資する方法を提案してみよう。例えば、社長が受け取っている役員報酬の一部を企業に貸し付け、その資金で期末に増資するという方法である。ただし、これは個人の所得税や社会保険負担が大きくなるなど税金の問題が絡むため、顧問税理士に相談することも申し添えよう。

もう一つは、利益を出して内部留保を蓄積することで自己資本を厚くする方法である。内部留保とは、純利益から税金、配当金、役員賞与などの社外流出分を引いた残りである。これは税引後利益なので、企業には「利益を出す、すなわち税金を払う企業を目指しましょう」と提案したい。

利益を出す方法は、売上高を上げる、利益率を上げる、コストを削減する、この3つに集約される。まさしく本業支援そのものである。企業の現状を見極め、本部専担部署や外部機関との連携を通じて効果的な改善策を提案しよう。

**担当者**：自己資本比率を高めるための取組みを、何か考えていますか？
**経営者**：下がってるのは分かっているけど、出資は簡単には募れないからね。
**担当者**：中長期的に内部留保を積み上げるという施策も考えられます。利益率を高めたり、コストを下げたりという方法です。当行の経営支援部が担当していますので、一度ご紹介させていただけませんか？

**■アプローチのポイント**

**低下している場合は改善策をヒアリングし、自己資本を増やす方法を提案しよう！**

# 目の付けどころ

**損益計算書と原価・販管費明細のサンプルを挙げ、注目すべきポイントを紹介する。**

**15 売上高**
・過去と比較し変化している要因を確認
トークは➡P.94

**18 売上高総利益率**
・業界平均・同業他社等と比較して検証
トークは➡P.100

**24 営業利益率**
・業界平均・同業他社等と比較して検証
トークは⬇P・112

**19 販売費および一般管理費**
・大きく変化した項目について詳細をチェック
トークは⬇P・102

## 損益計算書

（平成29年4月1日～平成30年3月31日）　単位:千円

| 科目 | 金額 | |
|---|---|---|
| 【売上高】 | | |
| 売上高 | | 85,000 |
| 【売上原価】 | | |
| 期首商品棚卸高 | 12,000 | |
| 当期製造原価 | 33,000 | |
| 当期商品仕入高 | 25,000 | |
| ※合計※ | 70,000 | |
| 期末商品棚卸高 | 13,000 | 57,000 |
| 売上総利益金額 | | 28,000 |
| 【販売費および一般管理費】 | | 20,000 |
| 営業利益金額 | | 8,000 |
| 【営業外収益】 | | |
| 受取利息 | 20 | |
| 受取配当金 | 300 | |
| 雑収入 | 40 | 360 |
| 【営業外費用】 | | |
| 支払利息 | 850 | |
| 雑損失 | 40 | |
| 経常利益金額 | | 7,470 |
| 【特別利益】 | | |
| 固定資産売却益 | 750 | |
| 【特別損失】 | | |
| 有価証券売却損 | 40 | |
| 税引前当期純利益金額 | | 8,180 |
| 法人税、住民税および事業税 | | 5,726 |
| 当期純利益金額 | | 2,454 |

**27 特別利益　28 特別損失**
・発生要因や経緯、今後の見通しについて確認
トークは➡P.118　P.120

**29 法人税等**
・繰越損失での相殺や税額控除の利用をヒアリング
トークは➡P.122

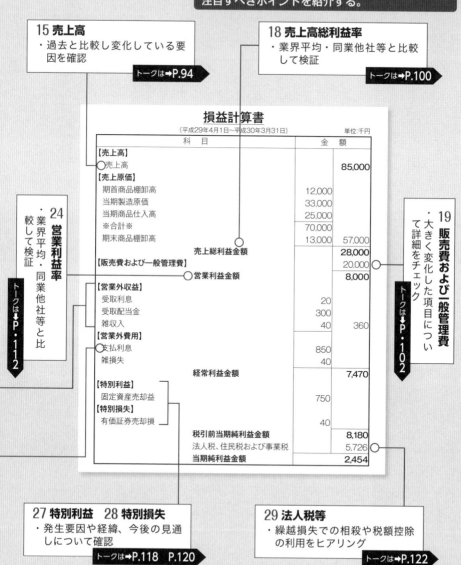

# 損益計算書と費用明細の

## 製造原価明細

単位:千円

| | |
|---|---|
| **原材料費** | |
| 材料仕入高 | 15,000 |
| **労務費** | |
| 賃金 | 11,000 |
| 福利厚生費 | 80 |
| 雑給 | 20 |
| **外注費** | |
| 外注加工費 | 1,000 |
| **経費** | |
| 燃料費 | 200 |
| 水道光熱費 | 100 |
| 運搬費 | 400 |
| 工場消耗品費 | 200 |
| 修繕費 | 2,000 |
| 減価償却費 | 3,000 |
| **当期製造原価** | **33,000** |

## 販売管理費内訳

単位:千円

| | |
|---|---|
| 役員報酬 | 5,000 |
| 給与手当 | 8,000 |
| 福利厚生費 | 70 |
| 広告宣伝費 | 930 |
| 水道光熱費 | 250 |
| 運搬費 | 900 |
| 消耗品費 | 20 |
| 事務外注費 | 700 |
| 支払保険料 | 600 |
| 減価償却費 | 800 |
| 接待交際費 | 1,000 |
| 旅費交通費 | 550 |
| 通信費 | 220 |
| 雑費 | 640 |
| 租税公課 | 320 |
| **合計** | **20,000** |

**16 原材料費**
・変化していれば仕入量の増減か価格の変動かなどを確認
トークは➡P.96

**20 人件費**
・増減が大きいなら、人員を補充・削減した背景を確認
トークは➡P.104

**17 外注費**
・外注依存度や内製化の状況をヒアリング
トークは➡P.98

**22 運搬費**
・運賃値上げの影響を聞くとともに対策の有無を確認
トークは➡P.108

**23 減価償却費**
・設備投資の状況や、割増・即時償却の適用を確認
トークは➡P.110

**25 営業外収益**
・安定・継続して発生する収益がないかを確認
トークは➡P.114

**26 支払利息**
・市場金利と比較して高止まりしていないかチェック
トークは➡P.116

**21 広告宣伝費**
・増えていれば利用媒体を確認し広告宣伝効果を検証
トークは➡P.106

# 15◆売上高の動き

## 売上高が増えていますが、販売が好調だったのですか？

売上高は、損益計算書（P／L）の一番上に記載されるもので、企業がその期に本来の営業活動で稼ぎ出したお金の総額である。売上高を確認する際は、まず過去の売上高の推移を、直近3期と直前3ヵ月に分けて時系列でヒアリングする。続いて今後1～3年間の売上計画を聞き取り、それぞれ短期資金、長期資金の需要を判断しながら話を進めよう。

売上高が増加している企業からは、まず事業環境の好転や企業努力の結果など、増加につながった要因を聞き取ろう。売上高が増加する主な要因には次のようなものがある。

・新規開拓によって販売先が増えた
・取引が中断していた既存の販売先が復活した
・販売単価を上げた
・取扱商品（生産品目）が増えた
・販売（生産）効率を上げた

これらの増加要因から、今後必要となる資金とその規模、期間などをヒアリングして、具体的に資金ニーズをつかみたい。融資の提案だけでなく、売上高の増加が一時的なものなのか、今後も長期的に継続するものなのか、それに伴いどんな課題が発生するのか聞き取ることも大切である。

**担当者：**売上高が増加していますが、販売が好調だったのですか？

**経営者：**新しい製品の受注が伸びたんだ。

**担当者：**好調が長く続きそうなら、売上代金の回収と支出のズレによる増加運転資金や、設備の新設、増設も必要になりますね。運搬車両も不足しませんか？

**経営者：**受注はしばらく続く見通しだけど、安定的になるかはまだ分からないよ。

**担当者：**安定的な売上見通しが確認できるまでの間、資材や商品の在庫額や手形サイトを教えていただければ、当面の必要運転資金の水準を算出します。そのうえで今後の資金繰りについても、ぜひお手伝いさせてください。

■ **アプローチのポイント**

**売上高の推移をヒアリングし、**
**短期、長期に分けて資金需要を判断して提案しよう！**

# 16 ◆ 原材料費の動き

## 原材料費が増加していますが、これは材料価格の高騰が原因ですか？

P／Lに記載される「売上原価」は、製・商品の仕入れや製造にかかった費用である。この明細を確認すると、原材料費や労務費（製造に関わる人件費）、外注費など売上原価の詳細が分かる。原材料費が増加している企業があれば、まずはその増加要因を捉えたい。さらに、原材料費の増加についてどのような削減努力をしているのかを聞き取ろう。

原材料費の主な増加要因としては「材料価格の高騰」が考えられ、製造業ではこの影響が売上原価（製造原価）の上昇につながりやすい。特に、為替変動による原材料費の増加は収益に直結する。為替相場の動きが激しくなると、経営者は先行きの収益について不安を抱きやすいことも押さえておこう。

価格変動のある原材料の仕入資金については、タイミングよく迅速な対応ができるよう、あらかじめ融資提案を検討しておくなどの準備も必要だ。

材料価格の高騰分を販売価格に転嫁すれば収益は確保できるはずだ。しかし、単価が上がることで全体の売上低下や収益減少を招くかもしれないため、安易に価格転嫁はできない。製造原価と販売価格のバランスを考慮して対策を検討しているかについても、しっかりとヒアリングしよう。

**担当者：**原材料費が増えていますが、原因は材料価格の高騰ですか？

**経営者：**うちは輸入原材料が多いので、円安が直接コストに響くんだよ。

**担当者：**輸入原材料の仕入れについて、どのような工夫や対策をお考えですか？　長期間品質が変わらないものなら、一括仕入れによってコストの削減が図れるのではないですか？

**経営者：**一括仕入れを検討したことはあるが、管理が大変になるという危惧《きぐ》があってね…。

**担当者：**その点に関しては原材料の種類や保管が可能な期間、保管スペースなどを検証したうえで、保管場所が確保できるものを一括仕入れしてはいかがでしょう。詳しい専門家をご紹介できますよ。

**■アプローチのポイント**

**増加要因と削減対策についてヒアリングし、一括仕入れなどの具体的な提案をしてみよう！**

# 17◆外注費の動き

## 外注費が下がっていますが、内製化への転換を図っているのですか？

売上原価（製造原価）は、製商品の仕入れや製造にかかるコストであり、その明細に記載された外注費は仕入れ・製造に関係するものである（販売委託や配送委託などの外注費は販売費および一般管理費に計上される）。

この外注費の減少要因を探るには、今まで外部委託を進めてきた理由を逆の視点から聞き取ると分かりやすい。まず、企業が外部委託を進める理由を大きく分けると、次の2つが考えられる。

・人材費が削減できる、技術力を補えるなど、外注のほうがメリットがあるから
・受注が増加して既存の人員・設備では対応が難しいから

これらを逆に捉えれば、外注よりも内製化したほうがメリットが大きい、既存の人員・設備で対応できるだけの受注量に落ち着いたと考えられるわけだ。経営者が安定した利益を確保できると見通したうえで内製化に転換したのか、それとも受注減少など他の理由で

外部委託が減ったのかをヒアリングによって確認しよう。

一般的に、外注依存の状態から内製化への転換を図っている企業は、経営環境の好転などで事業の先行きが長期的に見通せるケースが多い。将来的な製造コストの引下げを目的として、設備投資や人材確保・育成への資金投資も惜しまない経営者も少なくないため、こうした前向きな姿勢を確認して提案に結び付けたい。

**担当者**：外注費が下がっていますが、見通しが良好で内製化されているんですか？

**経営者**：長期にわたる大型受注が決まってね。これを機に内製化を進めることにしたんだよ。

**担当者**：売上の安定を見極めてから内製化されたのですね。今後安定した受注が続くことを確認できたわけですから、運転・設備ともに資金需要が出てきそうですね。

**経営者**：そうだね。人材の確保や育成、技術力の向上など、内製化に伴うコストをカバーする資金も必要になるよ。

## ■アプローチのポイント

**外部委託など外注の理由をヒアリングし、資金需要を見極めて積極的に提案していこう！**

# 18 ◆ 売上高総利益率の動き

## 売上高総利益率が業界平均よりも低いようですが、何か改善策はお考えですか？

売上高から売上原価を引いたものが売上総利益（粗利）であり、売上高に占める売上総利益の割合が売上高総利益率（粗利率）である。

売上高総利益率を高める方法は一般的に、①売上高を増加させるか、②売上原価を低下させるかのどちらかである。改善策次第で資金ニーズ等も変化するので、まずは経営者の考えを聞き取ろう。

なお、売上高の増加よりも売上原価の削減のほうが具体策を立てやすい。売上高総利益率が業界平均より低い場合には、原材料の仕入れ・製造工程・販売方法などを具体的にヒアリングし、それぞれの経費の詳細を確認したい。

それぞれの経費について、収益を上げている同業他社と比較すれば、具体的な改善項目を絞り込むことができるはずだ。

経費の削減といった経営課題は、必ずしも資金ニーズに結びつくものではない。融資にこだわる必要はなく、売上原価を抑えるため、一括仕入れによる価格低減といった仕入方法の見直し等をアドバイスするとともに、仕入先候補を紹介するビジネスマッチングなど、金融機関が支援・協力できる手段を提案していくことが大切だ。

また、原価が正確に管理されていないために、売上が増加しても利益が残らずに忙しさだけが増しているようなことも考えられる。原価の削減だけでなく、管理面のアドバイスも検討するとよい。

**担当者**：売上高総利益率が同業他社に比べて低いようですが、何か対策はお考えですか？

**経営者**：原材料の仕入価格を抑えようとはしているが、なかなかうまくいかなくてね。

**担当者**：一括仕入れによって価格を抑える方法もありますし。私どもが新たな仕入先を探すお手伝いもできますよ。

**経営者**：それはありがたいな。

**担当者**：ぜひ前向きにご検討ください！

■ アプローチのポイント

**業界平均より低い理由をヒアリングし、仕入方法の見直しなどをアドバイスしよう！**

# 19◆販売費および一般管理費の動き

## 販売費および一般管理費が減少していますが、どんな取組みをしているのですか？

「販売費および一般管理費（販管費）」とは、商品の販売やサービスの提供にかかった費用（販売手数料や広告宣伝費など）と、商品やサービスを生み出すために直接要した費用（売上原価）ではないものの企業を運営するために必要な費用（製造部門以外の人件費や家賃、光熱費など）である。

販売費および一般管理費が減少している場合は、販売手数料などの変動費、人件費などの固定費の中で何が減っているかを聞き取ることが大切だ。

変動費は売上が下がれば減少するので分かりやすい。一方で、売上が減少していないのに人件費などの固定費が下がっているとすれば、リストラなどを行っているケースが考えられる。例えば人件費が減少しているなら、正規従業員をパートやアルバイトに切り替えたり、役員報酬の減額・残業の抑制などが考えられる。その他の固定費なら地代家賃の引下げ交渉などが想定される。様々な角度から考えられる取組みをヒアリングしよう。

省力化を目指して設備を刷新する場合、当初は投資額がかさむが時間を追って費用の削減効果が出てくる。今後、人件費の削減を目的に省力化設備投資を検討する企業もあるだろう。この場合は、人件費の削減効果が投資額を上回るために要する期間などを考慮して、無理のない設備計画を立案するなど、コンサルティング提案を行いたい。

**担当者**：販売費および一般管理費が減少していますね。売上は変わっていないので、何か削減のための取組みをされたのですか？

**経営者**：新しいシステムを導入して省力化を図っているんだ。

**担当者**：ＩＴの活用は人員の削減だけでなく、就業時間の抑制やムダな残業代を省くことにもなりますから、人件費の削減などにつながりますね。

**経営者**：省力化はこれからも続けていくよ。

**担当者**：さらに機械設備などの省力化を進めるお考えなら、ぜひ設備資金のご提案をさせてください。

**■アプローチのポイント**

**変動費・固定費の何が減っているかをヒアリングし、設備資金などの投資につなげていこう！**

# 20◆人件費の動き

## 人件費が増えていますが、採用を積極化して人員を増やしているのですか?

人件費のうち、製造部門の人員の給与等は売上原価（製造原価）であり、営業や経理など間接部門の人員の給与等は販売費および一般管理費に計上される。まずは、どの部門の人件費が増加しているのかを確認しよう。人件費が増加する主な要因は次のとおり。

・受注の増加に伴い生産力を強化するための人員補充
・営業・販売力を強化するための人員補充
・より高い技術・能力のある人材を確保するための給与アップ

また、建設業などであれば、公共事業の増加といった外的要因によって一時的に作業員を増やすケースもある。あるいは、製商品の値上げなどにより給与の増額が可能となったケースも考えられる。

これら様々な可能性を考慮してヒアリングを行おう。人件費が増加しても経営体力を維持できることが確認できれば、運転・設備の両面から資金ニーズを検討していきたい。

人員を補充していた場合、増員分の人件費を継続的に創出していくだけの安定受注や経営体力の強化が求められる。技術力向上や付加価値の高い製品・サービスの提供等により、競争力を高めていくための資金ニーズを探ることも大切だ。

また、優秀な人材を採用しても、それが収益につながるまでには時間がかかる。人件費の安定確保に向けて、その他の経費削減アドバイスも行おう。

**担当者**：人件費が増えていますが、採用を積極化されているのですか？

**経営者**：新たな受注が入ったので人手を増やしたんだよ。

**担当者**：今後も安定的に受注が増えていくなら、増加運転資金や設備資金もご入用ではありませんか？

**経営者**：そのあたりは相談に乗ってもらえるとありがたいね。

**担当者**：今後の計画を教えていただければ、資金需要全体に対するご相談や投資対効果を含めた返済妥当性など、様々な角度から検討させていただきます！

■ アプローチのポイント

**人件費増加の理由をヒアリングし、資金ニーズにつなげる提案をしよう！**

# 21◆広告宣伝費の動き

## 広告宣伝費が増加していますが、PR活動を強化しているのですか？

販売費および一般管理費の中には、販売促進のための「広告宣伝費」がある。広告媒体としては、新聞・雑誌・テレビ・ラジオなどのマス広告や、折込チラシ・DMなどのプロモーションメディアの利用が低下する一方、インターネット広告が伸びている。

広告宣伝費が増加している場合、従来の広告手段に加えて、ホームページを含めたインターネット広告の制作費が増加している可能性が高い。こうした広告媒体の変化や進展を踏まえて、広告宣伝費の増加要因を聞き取ろう。

企業の広告宣伝費は、一般的に業績の回復や雇用環境の改善など、景気が良くなると伸びていく。広告宣伝費が増加した背景を確認し、増加運転資金や設備投資のニーズがないかを探りたい。

他方、インターネット広告の拡大などにより、昨今では各媒体の広告宣伝効果を検証したうえでの利用や活用が求められる。広告宣伝を強化しているという企業に対しては、外部専門機関などと連携し、宣伝効果の検証や出稿に適した媒体などのアドバイスを行うことも効果的だ。

また、新商品・新サービスを開発した企業などでは、広告宣伝が特に重要となる。こうしたケースでは、新商品等の内容と生産や販売促進計画について詳しくヒアリングしたうえで、資金ニーズへの対応を検討していきたい。

**担当者**：広告宣伝費が増加していますが、商品のPRを強化されたのですか？

**経営者**：いまは新商品のPRに力を入れています。ホームページも刷新したんですよ。

**担当者**：そうでしたか。広告宣伝効果はいかがですか？

**経営者**：新商品の引き合いは増えています。インターネットの力はすごいですね。

**担当者**：商品の製造から販売までの期間、また売上回収までのタイムラグを考えると、増加運転資金が必要になるのではないですか。今後の販売促進計画を教えていただければ、計画に適した資金をご提案いたします。

## ■アプローチのポイント

**広告宣伝費増加の要因をヒアリングし、販促計画に合わせた資金を提案しよう！**

# 22◆運搬費の動き

## 運搬費が増加していますが、昨今の運賃値上げの影響を受けてのことですか？

物流コストも、商品や原材料の仕入れにかかる部分は売上原価（製造原価）であり、販売にかかる部分は販売費および一般管理費である。

いずれにせよ、物流コストの大半はトラック輸送を中核とした運搬費となる。運搬費が増加している場合にも、まずは売上増加（仕入量や販売量の増加）に伴う運搬費の増加なのか、配送を委託している外部業者の運賃値上げによるものなのかなど、その原因をヒアリングしよう。

運賃は、近年値上げが目立つようになった。人手不足によるドライバーの賃金上昇が、運賃を押し上げているためだ。

運賃の値上げは、企業の経営に大きな影響を与えている。売上増加に伴って運搬費が増加していて、同時に運賃値上げの影響を受けているケースが多い。配送手段や委託業者の見直しといった対策を考えているか、ヒアリングで確認しよう。ただ、人手不足を背景とした運賃の上昇に有効な対策が講じられない限り、今後も運搬費が高止まりすることは避けられない。

配送を自社トラックに切り替えるなど、外部委託そのものの見直しも視野に入れて対策を一緒に検討していきたい。

この際には、車両費やドライバーの人件費等のランニングコストを計算し、採算が見込めるかを確認しよう。

**担当者**：運搬費が増加しているのは、昨今の運賃値上げが要因でしょうか？

**経営者**：売上の増加もあるけど運賃の影響が大きいね。

**担当者**：何か対策などはお考えになっていますか？

**経営者**：値下げ要請はできないし、正直どうしたらいいのか分からないよ。

**担当者**：配送を外部委託から自社トラックに切り替える方法もあります。それで採算が取れるか検証してみませんか？

**■アプローチのポイント**

**原因が売上の増加か運賃の値上げかをヒアリングし、配送手段や委託業者の見直しなどを提案しよう！**

# 23◆減価償却費の動き

## 減価償却費が増加していますが、新たに設備を導入したのですか？

企業の債務償還能力を計算する際、減価償却費は営業キャッシュフローの加算項目である。減価償却費が増えること自体は企業の健全性にとって一般的にプラスであるため、金融機関はこの情報をそれ以上深堀りしない傾向がある。

しかし、ビジネスチャンスを探す観点から捉えるなら、減価償却費の増加は次のいずれかまたは両方のシグナルである。

・設備投資そのものの増加↓積極的に本業に投資をしている
・割増償却あるいは即時償却を行っている↓節税ニーズがある（法人保険やオペレーティングリースなどの、他の節税策も同時に検討できる）

特に注目すべきは後者だ。

本来は導入する設備によって法定耐用年数が決まっており、定額法か定率法のいずれかで計算される「減価償却限度額」がある。この限度額を超えて余分に減価償却をするのが割増償却だ。また即時償却とは、投資初年度に全額を損金算入することができる仕組みである。

企業は割増償却・即時償却をすると、当期の損金計上額が大きくなり（当期利益を圧縮）、課税の繰延効果を受けることができる。これは法人税申告書の「別表16」または「特別償却の付表」を見ることで、割増償却・即時償却の適用を受けているかどうかを確認することができる。

**担当者**：減価償却費が増加していますが、新しい設備を導入されたのですか？

**経営者**：去年ＰＯＳシステムを入れ替えたんだよ。

**担当者**：本業に積極投資されているんですね。さらなる投資について具体的なお考えはありますか？

**経営者**：ぼちぼち考えようとは思っているよ。

**担当者**：設備資金がご入用でしたら、ぜひ当行にお任せいただけませんか。

■ アプローチのポイント

**減価償却費増加の理由をヒアリングし、節税ニーズがあれば積極的に対応してみよう！**

# 24 ◆ 営業利益率の動き

## 業界平均と比べて営業利益率が低いようですが、どんな課題がおありですか？

営業利益とは、企業の1年間にわたる営業活動の最終結果である。これを売上高で割った「営業利益率」が同業他社・業界平均と比べて低いとすれば、次のような可能性が考えられる。

・同業他社と比べて、経営規模が小さい（規模の経済＝スケールメリットが働いていない）

・本業にネックを抱えている

もし、営業利益率が低い理由が前者のみだとしたら、特に明確な打開策は考えづらいかもしれない。企業は急に大きくなることはできないからだ。

しかし、多くは後者のことが多い。利益が低いのは「売上が足りない」「値上げができない」「コストがかかりすぎる」のいずれか（またはその複数）である。まずは企業が主な課題として認識している事象は何なのか、踏み込んでヒアリングする必要がある。

「売上を増やしたい」なら、客数を増やしたいのか、顧客単価を上げたいのかと、さらに分解していくことができる。「値上げをしたい」なら、まず自社の商品・サービスのどの部分に値上げの余地があるのかを再考する必要がある。

また、コストを減らしたいなら、どのコストに削減できる余力があるのかを一度洗い出してみる必要がある。

まさにこれが本業支援であり、企業のニーズを細分化していけば、ビジネスマッチングや商談会へと必要に応じた支援を橋渡しすることが可能である。

**担当者**：御社は業界平均と比べて営業利益率が低いようですが、現状どんな課題がおありですか？

**経営者**：やはり外注費かな…。人手不足で作業を一部外注しているんだが費用が高くてね。

**担当者**：新しい外注先をお探しなら関連の商談会がありますのでご案内しますよ。

**経営者**：それはいいね。ぜひ教えてよ！

■ **アプローチのポイント**

**営業利益率の低い理由をヒアリングし、本業支援への橋渡しをしよう！**

# 25 ◆ 営業外収益の動き

## 営業外収益が毎期発生していますが、これはどういった収益ですか?

損益計算書に記される収益には、「売上高」「営業外収益」「特別利益」の3種類がある。このうち本業での収益は売上高であり、営業活動以外で臨時的に発生した収益は特別利益である。営業外収益は、本業ではないが継続的に発生している収益が該当する。例えば不動産収入や投資による利益などである。

営業外収益が毎期発生して相当の金額に上るケースとしては、次のような理由が考えられる。

・企業がグループ経営をしていて、子会社や関連会社に資金を貸し付けたり子会社の株式を保有したりしており、金利や配当を受け取っている。
・企業が本業の目的以外の不動産を持っていて、賃貸収入がある。太陽光発電設備を持っていて、売電収入を得ている。
・企業が過去に(おそらくは節税のため)航空機・船舶等のオペレーティングリースの投

資をしており、その投資持分の収益認識がされている。

いずれの事象も、伝統的な融資審査に凝り固まっている金融機関ならプラス評価とする可能性は低い。

しかし、その資産価値や事業性についてエビデンスを出してもらい実態を正しく把握できれば、融資審査において評価材料になるし、本業の支援にもつなげられる。担当者としては腕の見せどころである。

**担当者**：営業外収益が毎期一定額計上されていますが、どんな収益なのですか？

**経営者**：遊ばせていた土地に設置した太陽光発電設備で、売電収入を得ているんだよ。

**担当者**：そうですか。その設備はいつ頃導入しどのくらいの発電量なのかなど、詳しくお聞かせいただけませんか？

**経営者**：構わないけど…。

**担当者**：御社の収益性を評価するうえで、プラスの材料にできるかもしれません。

■アプローチのポイント

**営業外収益の内容をヒアリングし、プラスの材料として活かしていこう！**

# 26 ◆ 支払利息の動き

## 支払利息が高止まりしているようですが、他行さんはどんな提案をされていますか？

マイナス金利の影響等で、金融機関の貸出金利は長期にわたり低水準にある。企業にとっては、以前に契約していた高金利の借入れを返済すれば、新しく契約する低金利の借入れに置き換わっていくのが通常である。そのため、借入金の総額自体はあまり変化していなくても、営業外費用に計上される支払利息の金額は、年々少しずつ低下してきているのが一般的だ。

企業の平均調達金利は、企業の決算書から次の算式で把握することができる。

「平均調達金利＝P/L上の支払利息額×2÷（B/S上の期初借入金＋期末借入金）」

この金利水準が高止まりしているなら、次のような理由が考えられる。

・どの金融機関も借換えを勧めていない（借換えが提案できないほど経営状態が悪い）。
・一行取引あるいは圧倒的なシェアのメインバンクとの取引があり、他行から金利提案を受けていない。

前者の場合は、伝統的な財務分析で見抜くことができる可能性が高い。問題は後者の場合だ。企業の状態が良好であるにもかかわらず調達金利が高い場合は、ぜひ一度肩代わりの提案をして企業の反応を見るのがよい。

「金利になびかない企業」は一定割合で存在する。ヒアリングしてみると「過去に倒産の危機をメインバンクが救ってくれた」という社史が語られることもあるが、実は「単に銀行付き合いが苦手」ということもある。肩代わりの提案を投げかけヒアリングする過程で、企業の気質や考え方を詳しく知るきっかけになる。

**担当者**：営業外費用に計上された支払利息が高止まりしているようですが、他行さんから何か提案を受けていますか？

**経営者**：どこもメイン行に合わせているようで、特に提案はないけど…。

**担当者**：当行でしたら、もう少し金利メリットをご提示できるかもしれません。

**経営者**：そうなの？　今度相談させてもらえないかな。

■ アプローチのポイント

**他行の動向をヒアリングし、融資金肩代わりの提案につなげよう！**

# 27◆特別利益の動き

## 特別利益はどのような要因で発生したのですか?

特別損益は、その期にだけ臨時に発生した損益のことを指す。特別利益が計上される例としては、補助金や保険金の受取り、不動産や株式などの売却、役員借入れなどの債務免除、前期の損益修正による修正益の発生などがある。

まずは、特別利益が発生した理由を確認したい。通常は、資産整理やリストラにより、前期までB/Sの借方に存在していた資産が、その簿価よりも高い価額でキャッシュに転換したことで発生する。そのため特別利益が発生すると、一般的に企業のB/Sは小さくなり現・預金が増える。

繰越損失を蓄積していた企業が資産売却に踏み切って特別利益が発生したような場合は、過去からの繰越損失と特別利益が相殺される。そのため、翌年度からは利益を出すと法人税を納めなくてはならなくなる、いわば平常運転に切り替わる。

また、資産の売却代金を借入金の返済に充当した場合、金融機関の債務者区分が上がることもある。従来と変わらず経営不振企業という評価で見続けていると、他行に付け入るスキを与える可能性もある。

反対に、企業の借入過多が解消されたにもかかわらず、他行が評価を変えずに渋い対応を続けている場合は、自行の取引を深耕するチャンスである。そこで、次のようなトークでヒアリングしてみよう。

**担当者**：特別利益が計上されていますが、何で利益を上げられたのですか？

**経営者**：郊外に持っていた倉庫を集約して1つ売却したんだよ。

**担当者**：それはどんな理由からですか？

**経営者**：借入金の返済に回したんだけど…。

**担当者**：そうですか。今後前向きに展開する際には、ぜひ当行にご相談いただければと思います。

■ アプローチのポイント

**特別利益が発生した理由をヒアリングし、プラスの評価につなげよう！**

# 28 ◆ 特別損失の動き

## 特別損失が発生していますが、経営上の転換等があったのですか？

特別損失の発生要因には、一般的に次のようなものがある。

・役員への退職金支払い
・貸倒損失や引当金の計上
・事業等の撤退費用、リストラ費用、移転費用
・不動産などの固定資産の売却損あるいは減損
・保有していた株式の売却損あるいは減損
・災害や事故による損失
・前期の損益を修正することで発生した修正損

いずれも「臨時」で「一過性」の大きな費用が該当する。当期だけの損失であり、翌期以降も継続的にこの損失が発生することはない。

特別損失が大きく計上されるタイミングとしては、企業が事業の「選択と集中」を行っ

たとき、経営者が交代したときなど、経営方針の（前向きな）転換と並行していることが多い。

また、不採算事業からの撤退や整理、塩漬けになっていた不動産や株式の売却などでB／Sが浄化されれば、融資審査において、ポジティブな効果を持つことも多い。

金融機関としては「特別損失によって最終利益が赤字になったから債務者区分を下げる」という機械的な審査をするのではなく、損失の発生要因や経緯、これからの見通しなどを十分に確認し、ビジネスチャンスにつなげることが必要である。

**担当者**：特別損失がありますが、何か経営上の転換等があったのですか？

**経営者**：古株の役員が退職してね、退職金の支払いに充てたんだよ。

**担当者**：それは今後の経緯の変化につながるようなことですか？

**経営者**：いや、少し経営をコンパクトにして新分野に展開しようかと思ってね。

**担当者**：計画がまとまりましたら、ぜひお話をお聞かせください。

### ■アプローチのポイント

**損失の発生要因や経緯・見通しなどを確認し、次のチャンスにつなげていこう！**

# 29 ◆ 法人税等の動き

## 法人税・住民税・事業税の金額が、税引前利益に比べて少ないのはなぜですか？

企業の税引前当期利益に対してかかる税金は、法人税・法人住民税・法人事業税の3つだ。そして、利益に対するこれら税金の実質的な負担率のことを「法人税の実効税率」という。

実効税率を42％や40％と覚えている人も多いと思われるが、それはひと昔前の話だ。国は、企業の実効税率を引き下げることを成長戦略の一つに位置付け、段階的に引き下げている。

平成29年度の法人税等の実効税率は約29・97％。つまり黒字の企業なら、税引前当期利益に対して法人税等が約3割賦課され、残る7割が税引後当期利益となるイメージだ。

税引前当期利益が黒字であるにもかかわらず、法人税等が極端に少ない場合には、以下の2つの可能性を考えよう。

1つ目は、税務上の繰越欠損金があるケースだ。これは過年度に赤字があった場合、その欠損金額を9年間（平成30年4月1日以後に開始する各事業年度において生じた欠損金額については10年）繰り越し、当期の黒字と相殺できる制度である。繰越欠損額がいくら残っているかは、法人税申告書の別表1－1で確認することができる。

2つ目は、中小企業経営強化税制等（p.111参照）による税額控除の適用を受けているケースだ。

過去の赤字をどう清算してきたのか、どんな投資を行い税額控除が適用されているのかを聞いて、増加運転資金ニーズなどを探っていこう。

**担当者**：税引前利益に比べて納税額が少ないようですが、どんな理由からですか？

**経営者**：よく気がついたね。昨年から本格的に販売を始めた新製品が好調で、5年前の繰越欠損金と相殺したんだよ。

**担当者**：そうでしたか。今後も同程度の利益が見込まれるのですか？

**経営者**：繰越金は相殺し終わったし、今後は新規投資も考えないとね。

**■アプローチのポイント**

**法人税等が利益と比べて少ない理由を確認し、増加運転資金ニーズを探っていこう！**

# 目の付けどころ

資金繰り表で着目すべき項目について
サンプルを挙げて紹介する。

**32 突発的な収入**
・想定内なのか想定外なのか、今後の見通しはどうなのかなどを確認
トークは➡P.130

**31 収入のばらつき**
・ばらつきの要因とともに平準化のための取組みについてヒアリング
トークは➡P.128

**33 売掛金の回収予定**
・売掛先に偏りはないか、回収不能に備えているかなどをヒアリング
トークは➡P.132

**30 収入・支出（借入金返済）**
・毎月の返済額が収入を上回る状況になっていないかを確認する
トークは➡P.126

**34 将来の入金見込み**
・売掛先からの入金が遅延した場合の対策などを考えているかを確認
トークは➡P.134

**36 賞与の支給**
・これまでどの金融機関で調達してきたか、金額に変化はないかを確認
トークは➡P.138

**35 資金不足への対応**
・資金不足となる要因や、その資金の調達方法・使途についてチェック
トークは➡P.136

**37 突発的な支出**
・要因とともに、今後も発生する可能性がないかをチェックする
トークは➡P.140

# 資金繰り表の

（単位：千円）

| 科目 ＼ 月別 | | 7月実績 | 8月実績 | 9月実績 | 10月実績 | 11月実績 | 12月予定 | 1月予定 |
|---|---|---|---|---|---|---|---|---|
| Ⓐ 前月繰越 | | 200 | 2,700 | 26,200 | 18,350 | 15,350 | 11,350 | 17 |
| 収入 | 現金回収 | 40,000 | 25,000 | 30,000 | 35,000 | 55,000 | 28,000 | 27,000 |
| | 受取手形期日落 | 15,000 | 12,000 | 11,000 | 15,000 | 20,000 | 8,500 | 9,000 |
| | 前受金等 | 500 | 3,000 | 150 | 1,000 | 3,000 | 500 | 1,000 |
| | Ⓑ 計 | 55,500 | 40,000 | 41,150 | 51,000 | 78,000 | 37,000 | 37,000 |
| 支出 | 現金払 | 11,000 | 9,500 | 9,000 | 12,000 | 25,000 | 10,000 | 6,500 |
| | 支払手形決済 | 10,000 | 5,000 | 3,000 | 5,000 | 20,000 | 2,000 | 1,000 |
| | 人件費<br>営業経費<br>税金他 | 20,000 | 20,000 | 20,000 | 20,000 | 40,000 | 20,000 | 20,000 |
| | 借入金返済<br>支払利息割引料 | 12,000 | 12,000 | 17,000 | 17,000 | 17,000 | 20,333 | 20,333 |
| | Ⓒ 計 | 53,000 | 46,500 | 49,000 | 54,000 | 102,000 | 52,333 | 47,833 |
| Ⓓ 差引過不足<br>Ⓐ+Ⓑ−Ⓒ | | 2,700 | ▲3,800 | 18,350 | 15,350 | ▲8,650 | ▲3,983 | ▲10,816 |
| 資金調達 | 借入金 | | 30,000 | | | 20,000 | 4,000 | 11,000 |
| | 手形割引 | | | | | | | |
| | Ⓔ 計 | | 30,000 | | | 20,000 | 4,000 | 11,000 |
| Ⓕ 翌月繰越 Ⓓ+Ⓔ | | 2,700 | 26,200 | 18,350 | 15,350 | 11,350 | 17 | 184 |

# 30 ◆ 収入・支出(借入金返済)の動き

収入に比べて毎月の返済額が多いので、お困りではありませんか?

長期借入金の約定返済額(毎月返済額)が収入を上回ることは、企業にとって恒常的な資金不足の状態である。当然、金融機関の担当者は、その要因を探らなければならない。

長期借入金の年間返済財源は「税引後当期利益+減価償却費」であるが、例えば「直近決算期には返済財源は確保されていたものの、決算後数ヵ月が経過した時点で売上不振から現金収入の減少を招き、資金繰りを圧迫している」というケースも考えられるだろう。

こうした場合、「主力3商品A・B・Cのうち、AとBの売上は前年同期比10%の伸びを示しているが、Cが前年同期比30%ダウンしている」などと、売上不振の主因が何かを探る必要がある。その他の要因としては、「追加借入れに伴う毎月返済額(支出)の増加」というケースもあるかもしれない。

そうした背景を想定しながら、資金繰りの圧迫要因が「全体の売上不振」「個別商品の落込み」「長期借入れによる返済額増加」のうちどれか、あるいはそれらの複合要因によるものなのかをヒアリングしたい。

いずれにせよ、担当者には資金繰り安定化のため、複数借入れの一本化などにより毎月返済額の圧縮ができないかといった検討が求められる。そのためには、まず金融機関取引一覧表を取り受けてみたい。

企業が金融機関取引一覧表の作成に手間取るようなら、すべての借入明細を提出してもらう手もある。これを元に金融機関側で金融機関取引一覧表を作成するのだ。そのうえで、無理のない返済ができるよう借換提案を検討することになるだろう。

**担当者**：収入に比べて毎月の返済額が多く、お困りではないですか？

**経営者**：実はB銀行さんからの借入分の返済が負担になっていて…。

**担当者**：そうでしたか。資金繰り面で無理のない返済額となるよう、一緒に借入れの見直しを考えさせていただけませんか。

**経営者**：少しでも負担が軽くなるならお願いしたいよ！

■ アプローチのポイント

**資金繰りの圧迫要因をヒアリングし、資金繰り安定化の提案を検討しよう！**

# 31◆収入のばらつき

## 収入にばらつきがありますが、何か平準化のための取組みをしていますか？

資金繰り表を見ていると、収入に多寡《たか》（ばらつき）が見られることがある。しかし、収入のばらつきが、売上不振や業績不安定に直結するとは限らない。例えば、公共工事の受注を主としている建設業者には入札の多い時期・少ない時期があり、当然収入にばらつきが出る。

収入にばらつきがあるからといって業績不安定などと捉えるのは早計であり、業種・業界によってはそれが普通と覚えておくとよい。ただ、そうした企業でも、年間を通して受注できていないのであれば、業績が下降していると判断できる。

また、毎月ある程度安定した収入が見込める業種・業界の企業に収入のばらつきが見られるのなら、その要因をヒアリングする。ばらつきの要因は既存商品すべての減収によるのか、それとも一部の商品の減収によるのか、あるいは既存商品の売上減少を埋める新商品投入が遅れているのか、などをヒアリングしよう。さらに、収入を平準化させる対策についてもヒアリングすることが大切だ。

いずれにしても、収入にばらつきがあると資金繰りは不安定になることが多い。当然に収入と支出のタイムラグが出てくるので、運転資金需要が発生することも十分に考えられる。

担当者は、毎月の入出金状況を経営者からヒアリングし、つなぎ資金としていつどのくらい必要になるのか、返済財源は確保できるのかなどを聞き取っておきたい。

**担当者**：収入にばらつきがありますが、これを平準化するために何か取組みをされていますか？

**経営者**：主力商材になる新商品の発売が遅れていてね…想定外に安定していないんだ。

**担当者**：資金繰りが不安定になるのはよろしくないですね。毎月の入出金状況をお伺いできれば、将来の必要資金についてご相談を承れますが…。

**経営者**：今度話を聞いてみようかな。

**■ アプローチのポイント**

**収入がばらつく要因をヒアリングし、つなぎ資金などの対策を提案しよう！**

# 32 ◆ 突発的な収入

## ○月に突発的な収入があったようですが、これは予期されたものですか？

経営を続けていくと、企業に突発的な収入が入ってくることがある。様々な要因が考えられるが、「想定内」か、「想定外」かを確認するようにしたい。

まず想定内のケースだが、地震や集中豪雨など自然災害による保険金の受領が考えられる。具体的には、製造業を営む企業の工場および機械類等の損害に対する保険金受領などが相当する。企業にとって天災自体は想定外かもしれないが、後の保険金受領については想定内というわけである。金融機関の担当者としては、企業がどんな保険に加入しどんな内容のものか、日頃から聞いておくとよい。

次に想定外のケースだが、例えば新商品が予想以上に売れたことが考えられる。月間1000個の販売目標だった新商品Xが、5000個売れたなどの場合である。担当者としては、なぜ当初計画より4000個も多く売れたのか、単価は適切だったか、今後も売れ続けるのか、売れ続けるなら増産体制は構築できるのかなどを聞かなければならない。

増収が続くことが確認できたなら、それに伴う増加運転資金や工場増設等の需要がないか確認したい。

企業は一般的に増収局面で資金繰りが苦しくなる傾向がある。仕入先への支払いが先行するからだ。突発的な収入が一時的なものではなく続きそうであれば、今後の売上計画を聴取したうえで、どのくらいの増加運転資金が発生するのか把握し、場合によっては融資枠の設定も提案したい。

**担当者**：○月に突発的な収入がおありですが、あらかじめ予期されたものですか？
**経営者**：実は新商品の受注が予想以上でね。売上が一気に入ってきたんだよ。ただ売れすぎて商品在庫がなくなってしまってね…。
**担当者**：今後の見込みはいかがですか？
**経営者**：当面は同じくらいの受注が続く見込みだね。増産も考えているところさ。
**担当者**：そのあたりの増加運転資金はすでに手当てされているのですか？

■ アプローチのポイント

**突発的な収入の理由をヒアリングし、運転資金等のニーズに合わせて提案しよう！**

# 33◆売掛金の回収予定

## 売上の回収が予定通りにいかない場合、何かされているのですか？

中小企業は、売上代金の回収が不能になると、資金繰りが厳しくなる。時には倒産の危機に直面してしまうこともある。それだけに、金融機関の担当者としては、売掛先についても気を配っておく必要がある。特に、少数の売掛先に依存した売上構成になっていないか、一売掛先への売上シェアが大きくなり過ぎていないかなどに目を向けたい。

そのような売掛先があれば、どの程度信頼が置けるのか、社長に聴取しておくことも必要だ。社長が回収不能の懸念を抱いている売掛先があるのなら、取引条件を変更するか、取引を縮小するか、あるいは取引解消を目指すのかなどのことについて確認しなければならない。

万一、売掛先が倒産した場合には、資金繰りにどの程度影響するのか事前に聞き取っておくことも必要である。なぜなら売掛先の倒産は、仕入先への先行支払いの原資が失われることにもなるからだ。現状の売掛状況で一売掛先が倒産した場合、どの程度運転資金が必要になるのかを考えておこう。

そのような場合に、自行で資金需要を満たすことが難しければ、「経営セーフティ共済」への加入を勧めたい。経営セーフティ共済は、売掛先の倒産に備えた保険のようなもので、万一の場合に、無利息・据置期間6ヵ月で50万円から8000万円を借りることができる。こうした制度を紹介しておくのもよいだろう。

**担当者**：売上の回収が予定通りに進まない場合の対策は、何かされていますか？

**経営者**：何でそんなことを聞くんだい？

**担当者**：長く売掛金が未回収の近代製菓さんへの売上が大きいので、気になりまして。万一回収できなかったら支払いに支障が出ると思いまして…。

**経営者**：あそこは先代からの取引先で家族のような付き合いだし心配ないよ。3ヵ月位の遅れはいつもだから…。

**担当者**：では、取引条件を見直してみませんか？

■アプローチのポイント

**売掛先の状況をヒアリングし、**
**万一の場合の対策を提案しよう！**

# 34 ◆将来の入金見込み

## 資金繰り表にある収入は、予定通りに入金されそうですか?

金融機関は、融資申込みを受けると資金繰り表の提出を求める。いつ、どのくらいの資金不足が生じるのかを確認するためだ。ただし金融機関は、何度も融資申込みを受けて資金繰り表を提出してもらっていると、猜疑心を抱くことがある。

例えば、前回の融資申込時には、向こう半年間、資金不足は生じない資金繰り予定になっていたにもかかわらず、わずか3ヵ月後に融資申込みをしてくる企業もある。こうした場合、直近3ヵ月の資金繰り表での実績値を記入してもらうと、前回融資申込時に提出してもらった資金繰り予定にあった入金が、結果的に入ってこなかったということが少なくない。出金予定はそんなに大きくズレ込むことはないのだが、入金予定と入金実績の差異が大きくなっているケースは多いものだ。

そこで、担当者としては、資金繰り予定を見て、予定どおりに売掛金などが回収できるのか聞く必要がある。そもそも自社の商品が売れていない、売掛先からの入金が遅延する可能性がある、遅延するならいつ入金される取決めになっているのか、などを聴取しておくことが大切だろう。

こうしたことを確認しておき、実際に入金遅延が発生するようなことがあれば、つなぎ資金ニーズを掘り起こし、融資対応できるか否かを判断していくことが重要となってくる。また、商品の売上が思いどおりにいっていないのであれば、課題は何かを聞き取り、一緒に解決策を検討していく必要がある。

**担当者**：資金繰り予定の入金はきちんと入ってきますか。何か懸念はありませんか？

**経営者**：たぶん大丈夫だと思うけど、売掛先の一つが去年は入金が遅れてね。今年もひょっとしたら同じことがあるかも…。

**担当者**：その売掛金はいくらくらいでしょうか。仮に○月の収入が半分になるとすると、資金繰りが厳しくなりませんか？

**経営者**：確かにそうだね。どんな準備をしておけばいいか教えてくれないか。

■ アプローチのポイント

**資金繰り予定と回収見込みを確認し、入金遅延に備えて融資対応を検討しておこう！**

# 35◆資金不足への対応

## キャッシュが足りなくなる時期がありますが、どう対処される予定ですか？

金融機関の担当者は、資金繰り表の提出を受けたら、何月にどのくらい資金不足になるのかを必ず確認する。資金繰り表の提出を受けるのは、多くの場合、融資申込時であることが多いので、実態としては向こう半年あるいは1年後くらいに、再び資金需要が発生することが多い。

当然ながら、資金繰り表の下部にある「資金調達」欄には不足額相当もしくはそれ以上の金額が記載されている。この点について、担当者はどうして資金不足が生じるのか、その要因を聞き取らなければならない。これにより課題を把握しよう。

次に担当者は、その資金不足をどういった形で埋めるのか、例えば借入れなのか私募債なのか、経営者個人からの貸付金で賄うのかなどを聞き出そう。業績が厳しく金融機関からの借入れが難しい企業は、経営者個人からの借入れを考えているかもしれない。

一方、業績に特に問題のない企業は、金融機関からの借入れを検討しているだろう。優良企業なら、私募債の発行を検討しているかもしれない。いずれにしても担当者は、どんな調達方法を考えているのか取引先の業績も踏まえて聴取する必要がある。

合わせて、調達した資金の使途についても詳しく聞くべきだ。資金使途によって短期あるいは長期のいずれで対応すべきなのかを検討できる。

自行で対応するとしたら、他行の融資条件はどう提案されているのかなどについても聞いておきたい。

**担当者**：資金繰り表を拝見すると、半年後の6月に少し資金が不足するようですね。

**経営者**：現状の売上だと徐々にキャッシュが減っていきそうなんだ。

**担当者**：どんな調達方法をお考えですか？

**経営者**：もちろん借入れに頼ることになりそうだな。

**担当者**：先ほど「現状の売上」と言われましたが、売上を高めて手元資金を増やすことも大切ですよね。売上を増やす方策を一緒に考えていきましょう！

■ **アプローチのポイント**

**資金不足の要因と調達方法をヒアリングし、自行での対応を検討しよう！**

# 36◆賞与の支給

## 毎年支出が増える賞与支給時期の資金繰りに、お困りではありませんか?

企業にとって大きく支出が増えるのは、一般的に年2回(6～8月、12月)の賞与支給月だ。この月は、当然ながら人件費が通常月に比べて膨らむ。例えば、給与1ヵ月分の賞与を支給することになれば人件費が2倍に膨らむことになる。

こうした賞与支給月に売上代金も比例して2倍になるなら、資金繰り上問題は起こらない。しかし、一般的に賞与支給と売上代金入金の相関関係は薄いため、手元現預金の薄い企業は資金不足となる。

この資金不足を防ぐには、賞与資金を融資することが考えられる。通常、賞与資金は半年以内に元利金ともに返済してもらうが、その間、支出の平準化が図れることで資金繰りは楽になる。

金融機関としても、賞与資金は無担保によるプロパー融資を出しやすいので、自行で融資対応できる先には積極的に提案していきたい。これまでボーナス資金をどの金融機関で調達したのか確認しておこう。また、賞与資金を通じて、企業の今後の経営戦略の一端を垣間見ることもできる。賞与支給人数は前回と同じでも支給額が増えているなら、その背景について聞いておきたい。

例えば、ヘッドハンティングで敏腕営業担当者を雇用したなら、企業が営業力を強化していると考えられる。ヒアリングにより確認し、自行としても何を支援できるかについて考えていきたい。

**担当者**：毎年支出が増える時期がありますが、資金繰りにお困りではないですか？

**経営者**：ボーナス時期は資金繰りが苦しくなるので、借入れに頼っているかな。

**担当者**：資金繰り表を拝見すると、今年は特に支給額が増えていますが…。

**経営者**：今年から社員を増やしたんだ。合わせて製造ラインも増やそうかと思って…。

**担当者**：受注増加も見込まれるということですね。その理由について教えていただけませんか？

■ **アプローチのポイント**

**賞与資金の調達先を確認し、取引先の支援策について検討しよう！**

# 37 ◆ 突発的な支出

## 突発的な支出が発生していますが、何が要因なのですか?

企業において、突発的な支出が発生する要因は様々だ。金融機関の担当者が資金繰り表を見て、通常月には考えられない大きな支出があった場合、社長に必ず確認する。

例えば、ビル賃貸業兼飲食業を営む企業に突発的な支出が発生しており、その支出の要因が事業用不動産の「修繕」だったとしよう。企業規模と金額によって大規模修繕か小規模修繕かの判断は分かれるが、業績不振の中での修繕費の支出は、企業の資金繰りを圧迫するはずである。

担当者としては、何をどの程度修繕したのか、社長からできるだけ具体的に聞き取ることが重要といえる。

雨漏りを直すための修繕の場合でも、屋根全体を根本的に修繕したのか、一時的に雨漏りを止める程度の修繕だったのかによって、今後も修繕費(=突発的な支出)が発生するか否かが異なるからだ。

いずれにせよ、業績不振下での大きな支出は、企業の資金繰りを厳しくする可能性が高い。担当者としては、本アプローチトークをきっかけに要因を探り、今後の企業の資金需要の発生を捉えて、融資ニーズを探ることが必要となる。

また、比較的業績の安定している企業だと、思い切った広告戦略（最近、営業目的だけでなく、人材募集の場合も多い）を打ち出し、広告宣伝費が急に増大することもある。この場合も今後の戦略を聞き、支援につなげるようにしたい。

**担当者**：通常月に比べ9月は突発的な支出が発生していますが、どんな内容なのですか？
**経営者**：夏の台風で倉庫の一部が壊れたので修繕したんだ。
**担当者**：それは大変でしたね。修繕費用は手元資金で賄ったのですか？
**経営者**：そうだけど…。
**担当者**：では今後の資金繰りに不安などございませんか？
**経営者**：資金繰りがショートしそうなら、そのときはおたくに頼むよ！

■ **アプローチのポイント**

**突発的な支出の要因を探り、今後の資金需要の発生に備えておこう！**

# 目の付けどころ

企業のホームページ(HP)のサンプルを挙げ、着目すべきポイントを紹介する。

**14 問合せコーナー**
・顧客の声を集めているか確認
トークは➡P.170

**09 HPでの情報発信**
・HPにどれだけ力を入れているか確認
トークは➡P.160

**10 HPのリニューアル**
・直近でリニューアルがあれば理由を確認
トークは➡P.162

**11 ブランド・通販サイト**
・ネット販売に力を入れているか見る
トークは➡P.164

**12 採用専用ページ**
・従業員募集を行っている背景を把握
トークは➡P.166

**13 SNSへのリンク**
・SNSで情報発信を行っているか確認
トークは➡P.168

**02 自社製品・取扱商品**
・紹介されている製品・商品の優位性を把握
トークは➡P.146

**01 事業の内容**
・どの事業が主力か、力を入れているか確認
トークは➡P.144

**03 特許やISO**
・特許等を取得した苦労や背景をヒアリング
トークは➡P.148

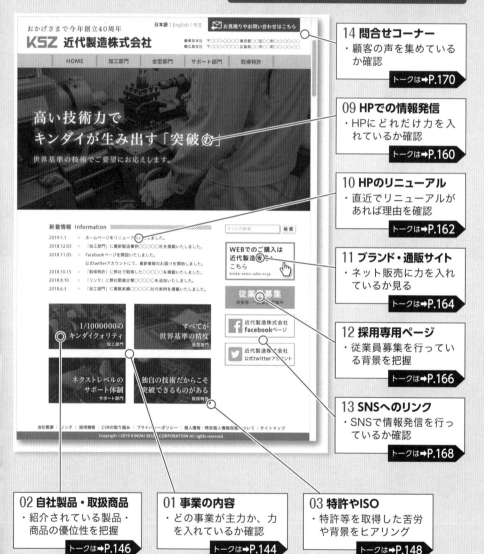

# 企業ホームページの

**07 社長の経歴**
・キャリアをどう活かしているかをチェック
トークは➡P.156

**06 会社沿革**
・事業承継など大きな出来事があったときの苦労話や課題を確認
トークは➡P.154

HOME | 加工部門 | 金型部門 | サポート部門 | 取得特許

**社長経歴**

**代表取締役社長　挨拶**

2019年9月1日　わが社は創立40周年を迎えることが出来改めてご挨拶申し上げます。

今まで培われた理念と体験を通したノウハウ、その上に一歩進んだ改善、改良と弛まざる努力と研究開発を重ね2020年までに10億円の売上達成に目標を定め、役員社員全員が同じ思いを心に描き、お客様の立場に立って、喜んでいただける新商品を開発し、わが社の新成長エンジンとするよう努力いたします。

皆様方には今以上のご指導とご愛顧を賜りますよう、お願い申し上げます。

近代三郎　近代製造株式会社代表取締役社長

**略歴等**

| | |
|---|---|
| 1984年 | 都立〇〇工業高校を卒業。 |
| 1988年 | 〇〇大学商学部卒業 |
| 1988年 | （株）〇〇工業入社後、約10年にわたり〇〇の企画、設計、開発を担当 |
| 1997年 | 近代製造㈱に転職し、製造部門を担当・営業部門を担当 |
| 20[illegible]3年 | 近代製造㈱第３代目代表取締役就任 |

**04 支社・支店等**
・開設の経緯や役割などをヒアリング
トークは➡P.150

**05 節目の年**
・周年記念イベント等を検討しているか確認
トークは➡P.152

HOME | 加工部門 | 金型部門 | サポート部門 | 取得特許

**会社沿革**

| | |
|---|---|
| 2000年11月 | 九州支社を開設 |
| 2008年６月 | 近代三郎が第３代社長に就任 |
| 2009年6月 | ISO9001認証取得 |
| 2010年11月 | 〇〇〇の機械加工認定を取得 |
| 2017年5月 | 広島支社を開設。九州支社を統合 |
| 2019年９月 | 創業40周年を迎える予定 |

**品質方針**

私たち近代製造株式会社は、お客様のニーズに対して、信頼ある高品質の製品とサービスで、安心と満足をお届けすべく日々邁進してまいりました。

**08 取引金融機関**
・取引を始めた経緯や掲載順に着目
トークは➡P.158

HOME | 加工部門 | 金型部門 | サポート部門 | 取得特許

**会社概要**

| | |
|---|---|
| 社名 | 近代製造株式会社 |
| 本社所在地 | 〒〇〇〇-〇〇〇〇 東京都〇〇区〇〇町〇〇-〇〇-〇〇　【地図】 |
| 電話番号 | 03-〇〇〇〇―〇〇〇〇（代）　FAX：03-〇〇〇〇―〇〇〇〇 |
| 設立 | 1979年９月1日 |
| 代表者 | 近代三郎 |
| 資本金 | 20,000,000円 |
| 従業員数 | 135名 |
| その他事業所 | 広島支社 |
| 事業内容 | 冷間ロール成形機・造管機、無人駐車場・駐輪場管理システム、パワーボラード、印刷機関連機器、フォーミングロール、金型・刃物関係、自動化専用機、等の企画設計製造販売 |
| 関連会社 | 近代製造販売株式会社　株式会社キンダイサポート　上海近代精密製造公司（中国） |
| 主要取引先 | 株式会社〇〇〇、株式会社□□□、株式会社〇〇〇、株式会社□□□、株式会社〇〇〇、他 |
| 取引銀行 | 現代銀行、☒☒☒銀行、□□□銀行、他 |

# 01◆事業の内容について

## 様々な事業が掲載されていますが、どの事業に力を入れていますか？

企業のホームページ（以下、ＨＰ）を見る際は、まずその企業が将来どこを目指しているのか、どうなりたいと思っているのか、業界・地域社会の中でどのようなポジションに立ちたいと考えているのかなどのビジョンを読み取りたい。

例えば、ＨＰの企業理念や社長のメッセージ等から読み取れることも多いし、事業内容にダイレクトに表れていることもある。明確に表記されていないＨＰもあるが、将来のビジョンを把握して社長と話すのとそうでないのとでは、大きな差がある。

企業が向かっている方向について、自分なりに仮説を立て、現在注力している事業が何かを確認してみよう。そうすると、想定しているゴールに対して、企業が現在どの位置にいるのかなどを社長の立場になって考えやすく、課題を共有しやすい。課題が共有できたなら、それに合わせた本業支援や融資につなげていくとよい。

社長としても、自分の夢を理解している担当者と話すのは楽しいだろう。もちろん知ったかぶりは逆効果であり、聞き上手、うなずき上手に徹することを忘れてはならない。あくまで相手が主役であるということを踏まえてアプローチしたい。

ＨＰを事前に見るということは、ただＨＰに書かれていることを確認するだけでなく、企業の将来のビジョン・目指す未来を読み取り、自分なりに仮説を立てて、面談時にその仮説が正しいか間違っているかを確認するためのプロセスであると捉える。そのうえで、社長が想定するゴールに到達するために乗り越えるべき課題を見つけて、具体的に支援を検討しよう。

**担当者**：ＨＰを拝見すると様々な事業に取り組まれていますが、現在は何に注力されていますか。経営理念などを見ますと、積極的な営業展開を目指しているようですが…。

**経営者**：鋭いね。受注を待つのではなく、こちらから売る体制を作りたいんだ。

**担当者**：そうすると、営業力の強化が重要になってきますね。

## ■アプローチのポイント

**ＨＰの内容から企業の課題を共有し、本業支援や融資につなげよう！**

## 02 ◆自社製品・取扱商品について

### HPに掲載されている御社の製品は、どんな点が優れているのですか?

大半の企業はHPで自社製品・商品を紹介しているので、ぜひ声かけに活用したい。特に製造業の場合、製品の優位性が素人には判断しにくい。だからこそ質問しやすいのであって、同業他社と比較して優位性があれば、社長は積極的に話してくれる。社長の話に共感し、専門的なことを教えてもらう姿勢でどんどん深掘りしていきたい。そこから「工場を見学させてほしい」と訴えることも重要である。

中には、担当先の工場を見たことがないという者もいるが、そんなことでは企業を理解できるはずがない。製造現場には、企業のニーズや課題が顕著に現れていることが多い。工場長等、現場の社員から直接話を聞くことが、思いもよらない提案に結びつく可能性もある。

筆者の経験では、担当する食品工場を見学した折に、話しかけたパート社員から聞いた話がきっかけで生産過程の問題点を把握し、ビジネスマッチングに結びつけ、社長に大変感謝されたことがある。このように、現場の意見を社長が拾い切れていないケースは、意外と多い。

製造業の中には、ＨＰに保有する機械・設備を掲載し、自社の技術力を示すケースもある。もちろん機械・設備も重要であるが、最も重要なのはそこから生み出される製品の優位性であることは言うまでもない。設備の優位性が、生み出される製品の優位性にどうつながっているのかを確認することが重要である。

**担当者**：ＨＰに製品が掲載されていますが、特にどんな点が優れているのですか？

**経営者**：ウチの製品はミクロンからナノ単位の加工精度を誇っていて、精密さが求められる医療機器によく使われているよ。

**担当者**：素晴らしいですね。とすると医療メーカーとのお取引が多いのですか…。

**経営者**：そうなんだけど、もう少し別の分野にも販路を広げていけたらと考えていてね。

**担当者**：ぜひ販路開拓のお手伝いをさせていただけませんか？

**■アプローチのポイント**

**取引先の製品・商品の優位性を深掘りし、販売支援に結び付けよう！**

## 03 ◆特許やISOについて

### HPで紹介されている特許やISOは、売上にどう結びついていますか?

HPに特許を取っているという情報があったら、特許情報プラットフォーム「J-PlatPat」による詳細な検索が必須である。企業名はもちろんキーワードでの検索も可能なため、同種の特許についての情報も取得できる。

J-PlatPatでは、発明者も確認できるが、中小企業では発明者が社長というケースが少なくない。開発を社長に依存している企業なのか、社長が技術者であればマネジメントや営業のスキルはどうなのかなど、社内の体制を確認することが大切だ。HPと併用して確認すると、かなりの情報が手に入る。また、ISO認証も日本適合性認定協会のHPで検索できる。企業が取得していれば、内容を確認しておくとよいだろう。

これらの情報を確認できたら、まずはどのような経緯で発明・特許出願、もしくは認証取得に至ったのかを聞いてみたい。その経緯には、企業の様々な思い入れとストーリーがあり、そこから新たな課題が分かることも多いからだ。また、当該特許等が市場でどう評価されているかを確認することも必要である。

重要なのは、事業性評価の観点から企業の強みをヒアリングの中で見いだし、様々なソリューションに結び付けていくことだ。そのためには、融資のネタではなく企業の課題を見つけるという姿勢でヒアリングに臨む必要がある。そのきっかけの一つが特許やＩＳＯであり、ぜひ声かけに活用したい。

**担当者：**ＨＰに特許が紹介されていましたが、社長が発明者なのですね。

**経営者：**その通り。結構、苦労して発明したんだ。

**担当者：**どんな点が市場に評価されて、売上につながっているのですか？

**経営者：**最大のポイントは耐久性だね。この特許を使った技術で製品の耐久性が一気に高まるんだけど、案外知らない企業も多くて売上にはつながっていないね。

**担当者：**例えば、当行主催の展示会などに出展されれば、特許を多方面にＰＲできると思います。

■アプローチのポイント

**特許を取得した経緯等を確認し、様々なソリューションに結び付けよう！**

# 04◆支社・支店等について

## ○○県に支社を設けたようですが、どんな役割を担っていますか？

「今回、○○市に新たに支店を出されたようですが、なぜ、○○市を選ばれたのですか」HPを見て支社や支店に気づいたら、このように質問すべきである。

この質問をする際のポイントは「狙いとするターゲットは、どのような顧客層なのか」「その都市で、どのような活動を行いたいのか」の2つだ。

「狙いとするターゲット」を聞いたら、自行が、その都市にある取引先を紹介できるかどうかをまず考える。もしそういった取引先があれば、「弊行の取引先で、○○社さんというお客様がいらっしゃいます。よろしければ、ご紹介させていただきます」と伝えると、大いに喜んでもらえる。

また「どんな活動を行いたいのか」を聞くことで、その場所で何を目的としているのか把握することができる。支社・支店のメリットとしては、「顧客の利便性アップ」「製造コスト低減」「スタッフのマネジメント能力アップ」などが挙げられる。

顧客の利便性をアップさせるためには、まず支社・支店の存在を知ってもらうことが必要で、そこに販売促進ニーズが発生する。支社・支店の出店で販売量が増えた場合、設備投資ニーズも発生する。

また、新たな支社・支店の開設に伴い、「家賃、設営費、維持費」といった固定費や、「人件費」「新スタッフの教育費」といった費用が発生するため、その資金についての提案も可能になる。

**担当者**：つい先日、大阪支社を開設されましたね。

**経営者**：近代銀行さんはよく見ているね。東日本がメインだった販路を、西日本にも広げようと思って営業支社を置いたんだ。

**担当者**：そうなんですね。新しい地域での営業活動でお困りのことがあれば、当行が支援いたします。

**経営者**：それは頼もしいね。

■アプローチのポイント

**支社・支店開設の狙いをヒアリングし、販売促進等のニーズに対応しよう！**

# 05 ◆節目の年について

## ○周年を迎えられますが、何か記念イベントを行うご予定ですか？

5年目・10年目といった、節目の年に訪れる企業の周年記念。こういった周年記念時には何かしらのイベントや式典、キャンペーンなどを実施して、内外にアピールする企業が多い。周年というのは、株主や従業員、取引先や顧客に対して、企業からのメッセージを伝えるのに絶好の機会だからだ。

周年記念を祝うにあたって、企業が行うべきことは「創立から現在までを振り返り、感謝のメッセージを伝えること」「未来に向かって、どう成長していくのか決意を伝えること」のため、そういった〝感謝〟や〝決意〟を伝えるための具体的な方策を聞くことで、資金ニーズがあるか把握することができる。

企業や企業担当者が周年記念イベントに慣れていない場合は、金融機関側から周年記念イベントに関する情報を提供することで、資金ニーズを引き出すことも可能である。

主なイベントとしては、次のようなものがある。

・記念セール…集客が増えることによる売上増加効果が見込める。そのための販売促進費用の資金ニーズが見込まれる。
・記念品のプレゼント…多くの顧客に感謝の意を表すためのもの。記念品の作成費用という資金需要がある。
・記念商品の発売…記念商品を発売することで、既存顧客への販売のみならず、新規顧客の開拓につながる。記念商品の開発費用や販売促進費用等の資金ニーズがある。
・記念イベント…特別な会場を借りて、顧客や取引先等、多くの関係者に感謝の意を表す場になる。大がかりなイベントはそれなりの費用がかかるため資金需要が発生する。

**担当者**：御社は今年で40周年を迎えられますが、何か記念イベントなどをお考えですか？
**経営者**：記念商品の販売を考えていて、いま企画部でプロジェクトを進行しているよ。
**担当者**：素晴らしいですね。記念商品の開発費用や、販売促進費用等でお手伝いできるかと思います。何かお困りごとはございませんか？

■ **アプローチのポイント**

**周年記念の具体的な方策をヒアリングし、具体的な資金ニーズを発掘しよう！**

# 06 ◆会社沿革について

## ○年に社長が先代から経営を継がれたとき、大変だったことはありますか？

企業のＨＰによくあるのが「会社沿革」のページ。ここには、現社長が就任した年が表記されていることが多い。それを見たら、ぜひ本ケースのような声かけをして欲しい。「社長に就任したときの話」を聞くことで、社長と良い関係性を築くことができる。なぜなら、社長は過去に苦労した話を伝えたがるが、従業員は何度も聞かされていて、なかなか耳を傾けてくれない。そのため、金融機関の担当者が話を聞いてくれると、喜んで話をしてくれる。

積極的に聞く姿勢を見せれば好意を感じてくれるようになるので、昔の苦労話を聞くことはとても効果的なのである。

就任した際の話を聞くときにぜひ質問したいテーマがある。「初心」だ。就任した当初は、やる気と希望に満ちあふれ、「何かを成し遂げよう」という想いを持っていた社長が少なくない。いろいろと試行錯誤することによって、今の企業を作り上げてきたのだろう。

過去の話を聞いたら、次に聞くべきことは「未来に関する話」。すなわち「将来、会社をどうしていくつもりなのか」である。「初心」を思い出してもらったうえで将来の話をした場合、多くの夢が語られる。その夢をかなえるための具体的な方策を聞くことで、経営課題や必要な投資に関する資金ニーズを聞き出すことができるようになる。

**担当者**：10年前に3代目の社長に就任されましたね。経営を引き継がれる際に大変だったことはありましたか？

**経営者**：先代が懇意にしていた販売先との関係維持が大変だったね。取引を続けてもらうよう頭を下げて回ったよ。

**担当者**：そうだったのですか。将来はそのようなことが起こらないよう対策を立てる必要はございませんか？

**経営者**：私はできるだけ販売先を広げる取組みに力を入れているよ。

**担当者**：ぜひ当行でもお手伝いさせてください！

■ **アプローチのポイント**

**社長の過去の話に積極的に耳を傾け、経営課題や資金ニーズをつかもう！**

# 07◆社長の経歴について

## 社長は前職のキャリアを、どう経営に活かしていますか？

「社長の経歴」をＨＰで見ると、他の業種から転職して、現在の企業で社長になっている人も少なくない。前職のキャリアと、その活かし方について詳しく聞くことで、その社長が今後、どのように企業を経営していくのかを予想することができる。

転職のパターンによって活かすべき方向は違うので、前職のキャリアについて聞く場合は、次の点について留意したい。

・同業界の同じ職種（開発・営業・人事・経理等）から転職した場合は、「どんな経験をし、それをどう活かしてきたのか」について

・同業界の異なる職種から転職した場合は、「業界の知識や経験をどう活かしてきたのか」について

・異業界の同じ職種から転職した場合は、「職種の知識や経験をどう活かしてきたのか」について

・異業界の異なる職種から転職した場合は、「前職で身につけたスキルをどう活かしてきたのか」について

前職のキャリアの話から将来のビジョンが見えてくることが多いため、今後の方向性について聞いてみたい。例えば「人に対する投資」「設備に対する投資」「販売促進に対する投資」「技術革新に対する投資」「新規事業開発に対する投資」「情報収集に関する投資」等、前職を踏まえてどんな投資を考えているか聞くことで、融資提案が行いやすくなる。

**担当者**：社長の経歴を拝見しましたが、前職は家電メーカーでデザインを担当されていたのですね。

**経営者**：そうそう、修行の意味もあってね。

**担当者**：それが現在の御社の製品にも活かされていますか？

**経営者**：うーん。大手と違ってデザインの良さは消費者になかなか伝わらなくて…。

**担当者**：消費者へのＰＲやマーケティングについての専門家をご紹介しましょうか？

**■アプローチのポイント**

**前職のキャリアについてヒアリングし、投資についての融資提案につなげよう！**

## 08 ◆取引金融機関について

### どんな経緯で○○銀行さんと取引を始められたのですか？

ＨＰに「取引金融機関」を掲載している企業は多いが、実はその掲載順に企業の金融機関に対するスタンスが表れている。一般的には、メガバンクや地元の地方銀行が一番最初に掲載されている。これは大手金融機関と取引していることを見せることで、信用度が高まると考えているからである。

注意したいのは、そういった大手よりも前（上位）に掲載されている金融機関がある場合だ。そこからは、見栄えの良さよりも、その金融機関との関係性を大事にしているから大手よりも上位に掲載するという意識が汲み取れる。

このように、ＨＰに最初に掲載されている「取引金融機関」が、メガバンクでも地元の地方銀行でもない金融機関の場合は、「社長、一般的には大手銀行が上に書かれていると ころが多いのですが、御社は一番上に○○銀行さんが書かれていますよね。なぜ一番上なのか、取引を始められた経緯を教えてください」と聞いてみよう。その金融機関を重要視している理由を話してもらえる。

例えば、「苦しいときに支援してもらった」ということであれば、なぜ経営が苦しくなったのか、その経験を踏まえて今後どんな対策を行うべきか聞くことで、経営課題を把握することができる。

社長が金融機関との取引の中で最も重視する理由を踏まえて、いろいろな提案をすることにより、取引深耕を図ることが可能になる。

**担当者**：ホームページを拝見すると、○○信用金庫さんが最初に掲載されていました。どんな経緯で取引を始められたのですか？

**経営者**：リーマン・ショックのときに一番親身に支援してくれてね。今ではメイン行と同じくらい頼りにしているよ。

**担当者**：そうだったんですね。経営が苦しくなった理由や同じようなことが起こらないよう、今どのような対策をされているか教えていただけませんか？

**■アプローチのポイント**

**取引金融機関の掲載順をヒアリングすることで、経営課題等を聞き出して取引につなげよう！**

# 09 ◆ HPでの情報発信について

## HPでの情報発信には力を入れていますか？

知名度のない企業にとって、HPは低コストで自社をPRできる手軽なツールである。訪問の際には、企業のHPの有無や発信情報を確認し、対話のきっかけを探りたい。

まずは、事前準備でHPが確認できなかった場合だ。HPがないからといって情報発信を軽視しているとはいえない。むしろ、お客様の購買行動に基づいて意図的にHPを持っていない場合もある。したがって、社長が「ウチはHPを作っていません」と答えるようであれば、「対象のお客様はインターネットを使っていない世代ですか。もしよろしければ御社の事業の全体像をもう少し教えていただけませんか」と問いかけて、事情を話してもらうきっかけにしたい。

HPを作成している場合は、「拝見しましたがHPの狙いはやはり情報発信ですか。費用に見合う効果は出ていますか」などと問いかけて、企業の経営課題を確認するようにしたい。例えば、HPでの直販に力を入れているが効果が上がっていないのであれば、支援につなげられる。

さらに直近で更新していないようなら、「ＨＰが最近は更新されていないようですが、何か事情があるのですか」と問いかけるとともに、ＩＴアドバイスに強い、中小企業支援機関が実施している専門家派遣制度を紹介しよう。いずれにしても、企業の経営に対する関心を示すアプローチとして、ＨＰに触れてみることが大切だ。

**担当者**：ＨＰをよく更新されていますが、情報発信に力を入れているのですか？

**経営者**：ウチの商品は消費者向けなのでＨＰは重要だね。ただ、あまり注文は増えていないかな…。

**担当者**：その意味では、幅広いお客様に見ていただくこと、および御社の強みが閲覧者にすぐに伝わるデザインが必要になりますよね。

**経営者**：確かに、そのあたりは課題だよね。

**担当者**：ぜひ、当行にご提案させてください。

## ■アプローチのポイント

**ＨＰの活用方法とその効果をヒアリングし、効果の上がるＩＴアドバイスにつなげよう！**

# 10 ◆ HPのリニューアルについて

## HPをリニューアルされましたが、どんな狙いがあるのですか?

HPは企業の顔であり、会社案内の代わりとしている企業も多い。最近では、大手企業の調達姿勢にも変化が見られ、HPの情報が取引のきっかけとなっているケースもある。したがって、事前準備の段階でHPリニューアルの情報をキャッチできたなら、リニューアルのきっかけや狙い、その効果、今後の展望や課題について確認したい。なぜなら、HPが受注のきっかけになるなどの変化が見られれば、ビジネスモデルの変化や資金ニーズが発生する可能性があるからだ。

企業へ訪問した際には、本アプローチトークをきっかけにリニューアルの狙いを確認したい。狙いが分かれば、「リニューアルされてから、狙いどおりの反応はありましたか」と聞いてみよう。

例えば、商品・製品のPR強化が狙いであれば、受注のきっかけになっているなど、経営者の話が引き出せるだろう。そして「今後の見通しはいかがでしょうか」と問いかけて、事業展望を確認しておこう。情報を確認して見通しが明るいようなら、今後、業務が多忙になる可能性がある。忙しくなる前に今の業務の振り返りなどを助言しよう。

製造業であれば、受注が増えた場合、協力先（外注先など）が見つからず苦労することもある。協力先の紹介などを相談された場合に備えて、あらかじめ企業の製造工程を把握し、紹介できそうな先を見つけておくと、経営者から頼られる存在になるだろう。

**担当者**：HPをリニューアルされましたね。どんな狙いがあるのですか？

**経営者**：当社の技術力をもっとアピールして受注につなげたいと思ってね、いろいろ変えたんだよ。

**担当者**：そのような狙い通りに、お取引先からの受注は増えているのですか？

**経営者**：ありがたいことに、大手企業から声をかけてもらい大きな受注もありそうだよ。

**担当者**：受注に伴って人材の補充や、外注先の選定なども必要ではないですか。ぜひ当行でサポートさせてください。

■アプローチのポイント

**HPリニューアルの狙いを確認し、受注が増える見通しならその対策を提案しよう！**

# 11 ◆ ブランド・通販サイトについて

## HPとは別に通販サイトがありますが、ネット販売に力を入れているのですか？

最近では、製造業などBtoBの企業であってもブランド・通販サイト（以下、通販サイト）を設けて、インターネットで直販を行っている場合がある。事前準備では、どのようなデジタルマーケティングを実施しているか確認しておこう。例えば企業の通販サイトの有無や、その通販サイトに集客するために外部の口コミサイトや有料広告を利用していないかもチェックする。

また「ネット販売の損益の状況をまとめている資料はありますか」などと問いかけて、ネット販売の損益計算書の有無を確認する。もし入手できない場合は、その場で簡易な計算書を作成しながら話を進めていく。

この際は、ネット販売全体の利益額や利益率、利益を生み出すための作業工数、販売促進費やサイトの維持費といった固定費、仕入原価といった変動費などをヒアリングする。

さらに、売上高の内訳、商品別のページビュー（閲覧回数）やコンバージョン率（成約率）、在庫と現金の状況も確認する。

確認した情報をもとに課題を浮き彫りにし、具体的な支援につなげていこう。例えば在庫が増加傾向にあったり、死に筋商品が見つかったりするようなら、その処分方法について、各地の中小企業支援機関が実施している専門家派遣制度の活用や他社事例の紹介等を行ってみたい。

順調に業績が伸びているなら、受注・出荷の効率などを確認する。さらに増加運転資金の必要性についても確認しておきたい。

**担当者**：ホームページを拝見しますと、取扱商品の販売専用サイトを設けていますね。

**経営者**：卸だけでなく直販も始めたんだ。

**担当者**：販売の状況はいかがですか？

**経営者**：あまりよくないね。ページビューもイマイチだし。

**担当者**：ＳＮＳの活用や大手サイトへの出店を検討しませんか？

## ■アプローチのポイント

**ネット販売全体の数字をヒアリングし、課題に合わせた支援を提案しよう！**

## 12 ◆ 採用専用ページについて

**採用専用ページを設けていますが、人手が必要な事業があるのですか？**

昨今の人手不足の折、知名度の低い企業では採用に苦労しているところも多い。人材を獲得する手段として、HPに採用専用ページを設置している企業も見受けられる。

事前準備の際には、採用情報のページも確認しておこう。特に応募条件、職種、仕事内容は、「もし担当者自身がその企業で働くとしたら」という当事者意識をもって読み込んでおきたい。なぜなら、企業の将来の方向性や、求めている人材像、選考過程が理解でき、支援のヒントを得られるからだ。

そして、訪問の際には、本アプローチトークをきっかけに「求めている人材は採用できましたか」と問いかけてみよう。採用できているなら「新しい仕事は覚えてくれていますか。社内の雰囲気は明るいですか」と問いかけて、人材が長く働ける風土になっているかを確認したい。

さらに「新しく入った方が成長することで御社も新たな展開が見えてきますね。よろしければ先々の見通しを教えていただけませんか」と問いかければ、今後の展望も確認できる。例えば工場の拡張や移転を考えており、新たな設備投資などの資金需要が潜んでいることもある。情報を早めにキャッチすることで円滑な支援につなげたい。

一方で、採用がうまくいっていないこともある。その場合、採用ページに掲載する情報や求人票の書き方などについて専門家と一緒に解決策を検討することも有効だ。人材を斡旋してくれる公的機関の紹介も有効だろう。

**担当者**：ＨＰ内に採用ページがありました。従業員を募集されているのですか？

**経営者**：受注が増えそうなので、ラインの人員を増やそうと思うんだ。

**担当者**：うまく採用できましたか？

**経営者**：思ったより応募がなくて困っているよ。

**担当者**：拝見したところ、募集条件は問題ないと思います。ＨＰでの募集と並行して人材を斡旋してくれる産業雇用安定センターなど、公的機関も活用されませんか？

## ■アプローチのポイント

**採用動向などについてヒアリングし、問題点の解決策について検討しよう！**

# 13◆SNSへのリンク

## SNSのページがありますが、これによる情報発信にも力を入れていますか?

フェイスブック、ツイッター、インスタグラムなどのSNSは、評判を獲得するという意味でアーンドメディア(earned media)と呼ばれる。他方、マスコミやWEB媒体に費用を支払って広告を掲載する広告などをペイドメディア(paid media)、ブログやメールマガジン、自社のHPなどをオウンドメディア(owned media)という。

企業の情報発信戦略は、この3つのメディアを組み合わせたデジタルマーケティングが主流になりつつある。事前準備の段階で、各メディアでどのような情報を発信しているのかを確認しておきたい。その情報によって企業の現況や今後の展望が理解でき、本業支援につながるヒントがあるからだ。

訪問の際には、本アプローチトークをきっかけに、経営者のメディア戦略や将来展望を聞き出そう。3つのメディアを組み合わせて情報発信を行っているなら、各メディアでどの程度集客できているか、そして費用に見合う効果を上げているのかを確認したい。

メディア戦略に課題があるようなら、各メディアからの流入状況および販売促進費用を確認する。経営者が課題に感じていることを把握して各地の中小企業支援機関を紹介し、ITに強い専門家へ橋渡ししよう。

一方で集客が順調に進んでいるのなら将来展望も確認しておきたい。SNSでの情報発信は炎上することもあるので、その場合の対応策についても確認しておこう。

**担当者**：HPにツイッターへのリンクがありますが、SNSでの情報発信にも力を入れているのですか？

**経営者**：SNSを使ってWEBマーケティングにも力を入れているんだよ。

**担当者**：それで狙いどおりの集客につながっていますか？

**経営者**：SNSよりもWEB広告が効果を上げていて、HPの来訪者も増えているんだ。今後はWEBでの商品PRにもっと力を入れたいね。

**担当者**：そういうご事情でしたら、ITの専門家をご紹介することもできますよ！

**■アプローチのポイント**

**SNSによる情報発信についてヒアリングし、IT専門家への橋渡しをしよう！**

# 14 ◆ 問合せコーナーについて

## お問合せ欄がありますが、お客様の声をどう経営に活かしていますか？

企業のＨＰには問合せコーナーが設置されていたりします。事前準備の段階で問合せコーナーを確認できたら、その活用方法や対応の状況を確認したい。

このコーナーは、お客様からの問合せや返品対応の受付が中心だが、合わせてお客様の生の声も収集できるため、活用次第では次の商品開発やサービスの見直しにつなげることもできる。また、問合せへの対応は手間がかかるので、効率化の必要性を探ることもヒアリングの趣旨である。

訪問時には問合せコーナーに寄せられた声を活用しているかを確認したい。具体的には、何か見直したことはあるか、新商品開発につながり売上や利益に貢献しているかを聞き出そう。担当者はお客様の目線で見直しのポイントや商品の用途を社長と一緒に考えて、伴走支援のきっかけを作ろう。

一方で、あまり活用されていないようならその理由を聞き出したい。人手不足で回答に手間がかかるなら、「チャットボット」という自動会話プログラムを活用する方法について情報提供を行い、改善を促すことも必要だろう。

その際、担当者はチャットボットを活用して自動化している事例や、該当分野に詳しい専門家を紹介しよう。

いずれにしても経営者が実現したいことを聞き出して、一緒に解決していくという姿勢が大切だ。

**担当者**：ホームページにお問い合わせ欄がありますね。お客様の声を生かしているのですか？

**経営者**：それが、忙しくて回答もなかなかできないような状態なの。

**担当者**：回答を自動化するシステムもあるようです。ご興味がおありでしたら、今度資料をお持ちします。

**経営者**：そうなの。ぜひお願いしたいわ。

■アプローチのポイント

**問い合わせコーナーの活用方法や状況をヒアリングし、売上や利益につながる情報を提供しよう！**

# 目の付けどころ

商業登記と不動産登記のサンプルを挙げ、
着目すべきポイントを紹介する。

## 商業登記

**履歴全部事項証明書**

東京都中野区中央一丁目１３番９号
キンダイトラベル株式会社

| | | |
|---|---|---|
| 会社法人等番号 | ０１１２－０１－００×××× | |
| 商　号 | キンダイトラベル株式会社 | |
| 本　店 | 東京都新宿区角筈二丁目５４番地 | |
| | 東京都中野区中央一丁目１３番９号 | 平成２０年　９月２４日移転<br>平成２０年　９月３０日登記 |
| 公告をする方法 | 官報に掲載してする | |
| 会社成立の年月日 | 平成１０年　９月１日 | |
| 目　的 | １．一般旅行業、国内旅行業及び旅行業代理店業<br>２．通訳及び翻訳業<br>３．インターネットを利用した通信販売業<br>４．古物の売買及びその受託<br>５．前各号に附帯又は関連する一切の事業 | |
| 発行可能株式総数 | ２万４０００株 | |
| 発行済株式の総数並びに種類及び数 | 発行済株式の総数<br>２万株 | |
| 株券を発行する旨の定め | 当会社の株式については、株券を発行する | 平成１７年法律第８７号<br>第１３６条の規定により<br>平成１８年　５月１日登記 |
| 資本金の額 | 金１０００万円 | |
| 株式の譲渡制限に関する規定 | 当会社の株式を譲渡するには、取締役会の承認を受けなければならない | |
| 役員に関する事項 | 取締役　近　代　太　郎 | 平成２８年　５月２５日重任<br>平成２８年　６月２４日登記 |
| | 取締役　近　代　太　郎 | 平成３０年　５月２１日重任<br>平成３０年　６月１９日登記 |
| | 取締役　近　代　次　郎 | 平成２８年　５月２５日重任<br>平成２８年　６月２４日登記 |
| | 取締役　近　代　次　郎 | 平成３０年　５月２１日重任<br>平成３０年　６月１９日登記 |
| | 取締役　近　代　三　郎 | 平成３０年　５月２１日就任<br>平成３０年　６月１９日登記 |
| | 取締役　鈴　木　良　一 | 平成３０年　５月２１日就任<br>平成３０年　６月１９日登記 |
| | 東京都世田谷区赤堤×丁目３番１号<br>代表取締役　近　代　太　郎 | 平成２８年　５月２５日重任<br>平成２８年　６月２４日登記 |
| | 東京都世田谷区赤堤×丁目３番１号<br>代表取締役　近　代　太　郎 | 平成３０年　５月２１日重任<br>平成３０年　６月１９日登記 |
| | 監査役　近　代　花　子 | 平成２８年　５月２５日重任<br>平成２８年　６月２４日登記 |
| | 監査役　近　代　花　子 | 平成３０年　５月２１日重任<br>平成３０年　６月１９日登記 |
| 取締役会設置会社に関する事項 | 取締役会設置会社 | 平成１７年法律第８７号<br>第１３６条の規定により<br>平成１８年　５月１日登記 |
| 監査役設置会社に関する事項 | 監査役設置会社 | 平成１７年法律第８７号<br>第１３６条の規定により<br>平成１８年　５月１日登記 |
| 登記記録に関する事項 | 平成元年法務省令第１５号附則第３項の規定により | 平成１４年１１月２５日移記 |

＊下線のあるものは抹消事項であることを示す

**19 本店の移転**
・移転を決断した背景・経緯について確認
トークは➡P.182

**18 会社の目的**
・事業内容や本業との関連性を確認
トークは➡P.180

**17 役員の任期**
・任期満了が近ければ改選予定を確認
トークは➡P.178

**15 役員の就任登記**
・親族か否か、内部昇格か外部招聘かを確認
トークは➡P.174

**16 親族外の役員の登記**
・就任前の前職や登用の背景を確認
トークは➡P.176

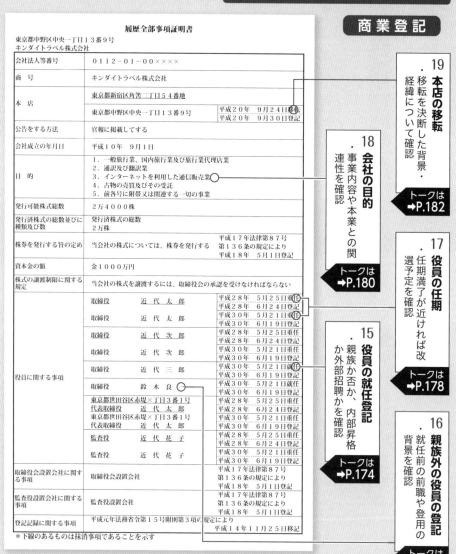

# 商業登記・不動産登記の

## 不動産登記

東京都中野区中央一丁目１３番９号　　　　全部事項証明書（土地）

| 表題部　（土地の表示） | | 調製 | 令和○年○月○日 | 不動産番号 | ××１２３４５ |
|---|---|---|---|---|---|
| 地図番号 | 余白 | | | | |
| 所　　在 | 東京都中野区中央一丁目 | | | | |
| ①地　番 | ②地　目 | ③地　積　㎡ | | ④原因及びその日付［登記の日付］ | |
| １２３４番８９０ | 宅地 | ４３３ | ６６ | １２３４番５６７から分筆<br>［平成２０年６月１５日］ | |

| 権利部（甲区）　［所有権に関する事項］ | | | |
|---|---|---|---|
| 順位番号 | 登記の目的 | 受付年月日・受付番号 | 権利者その他の事項 |
| 1 | 所有権移転 | 平成２０年８月１０日<br>第２３４５号 | 原因　平成２０年８月１０日売買<br>所有者　東京都世田谷区赤堤×丁目３番１号<br>近　代　太　郎 |

| 権利部（乙区）　［所有権以外の権利に関する事項］ | | | |
|---|---|---|---|
| 順位番号 | 登記の目的 | 受付年月日・受付番号 | 権利者その他の事項 |
| 1 | 抵当権設定 | 平成２１年６月５日<br>第９８７６号 | 原因　平成２１年６月５日金銭消費貸借同日設定<br>債権額　金２．２００万円<br>利息　年２．９％（年３６５日日割計算）<br>損害金　年１４％（年３６５日日割計算）<br>債権者　東京都中野区中央一丁目１３番９号<br>キンダイトラベル株式会社<br>抵当権者　東京都新宿区東新宿×丁目１番２号<br>株式会社　新宿銀行 |
| 2 | 抵当権設定 | 平成２２年２月８日<br>第７６５４号 | 原因　平成２２年２月８日金銭消費貸借同日設定<br>債権額　金１．８００万円<br>利息　年２．８％（年３６５日日割計算）<br>損害金　年１４％（年３６５日日割計算）<br>債権者　東京都中野区中央一丁目１３番９号<br>キンダイトラベル株式会社<br>抵当権者　東京都渋谷区×丁目３番４号<br>株式会社　渋谷銀行 |
| 3 | １番抵当権抹消 | 平成２３年９月９日<br>第５４３２号 | 原因　平成２３年９月９日解除 |
| 4 | 抵当権設定 | 平成２３年９月９日<br>第３２１９号 | 原因　平成２３年９月９日金銭消費貸借同日設定<br>債権額　金２．２００万円<br>利息　年２．７％（年３６５日日割計算）<br>損害金　年１４％（年３６５日日割計算）<br>債権者　東京都中野区中央一丁目１３番９号<br>キンダイトラベル株式会社<br>抵当権者　東京都練馬区×丁目５番６号<br>株式会社　練馬銀行 |
| 5 | ２番抵当権抹消 | 平成２５年５月２日<br>第６５４３号 | 原因　平成２５年５月２日解除 |
| 6 | 抵当権設定 | 平成２５年５月２日<br>第２１９８号 | 原因　平成２５年５月２日金銭消費貸借同日設定<br>債権額　金１．８００万円<br>利息　年２．６％（年３６５日日割計算）<br>損害金　年１４％（年３６５日日割計算）<br>債権者　東京都中野区中央一丁目１３番９号<br>キンダイトラベル株式会社<br>抵当権者　東京都豊島区×丁目７番８号<br>株式会社　豊島銀行 |
| 7 | ４番抵当権抹消 | 平成２７年１１月３日<br>第６５４３号 | 原因　平成２７年１１月３日解除 |
| 8 | 抵当権設定 | 平成２７年１１月３日<br>第３２１９号 | 原因　平成２７年１１月３日金銭消費貸借同日設定<br>債権額　金２．２００万円<br>利息　年３．０％（年３６５日日割計算）<br>損害金　年１４％（年３６５日日割計算）<br>債権者　東京都中野区中央一丁目１３番９号<br>キンダイトラベル株式会社<br>抵当権者　東京都足立区×丁目９番１号<br>株式会社　足立第一信用金庫 |

＊下線のあるものは抹消事項であることを示す。

20．**土地・建物の所有者**
事業用不動産が個人所有でないか確認

トークは➡P.184

21．**抵当権者の変更**
取引金融機関を変更した背景・経緯を確認

トークは➡P.186

# 15◆役員の就任登記について

## 新しく役員に就任されたのは、どんな方ですか?

商業登記には「役員に関する事項」欄がある。ここに初めて役員になったことを示す「就任」の登記があった場合は、新役員について確認することで、その企業の方向性をキャッチできる。

まず確認すべきは、新役員が経営者の親族か親族外か、社内の昇格か外部からの招聘か、そして以前の担当業務や職種だ。特に注目したいのが、役員就任前の職種である。営業出身であれば営業の強化、経理出身であれば管理面の強化など、企業が力を入れようとしている方向性が分かる。これまで社内にいなかった親族が新役員に就任したケースなら、「同業種出身か、異業種出身か」「具体的なミッションは何か」を確認しよう。

同業種出身なら、すぐに現場を任されて、組織を束ねて目標を達成するなどの短期的な変化が期待されているだろう。一方で異業種出身なら、一定期間はベテラン社員のサポートの下、業界・自社の知識・技術等を習得することがミッションかもしれない。

新役員のミッションを確認すると、企業の変化のスピード感もキャッチできる。さらには、新役員に新規事業を実施させるというケースもあるので、その点も含めて確認したい。新役員が経営者の子息であれば、いずれ経営を任せたいという意向があるだろう。この場合は、事業承継の予定について聞くチャンスになる。

最終的には新経営者に株式譲渡を行うわけだが、企業の財務内容・資産によっては株価が高額になる場合もある。通常の融資支援だけでなく、内容によっては株式譲渡の段階的な支援も検討すべきだろう。

**担当者**：新しく役員に就任されたのは、どんな方ですか？
**経営者**：工場長として製造部門を束ねてきた人だよ。
**担当者**：製造部門の方が役員になるということは、製造面を強化されるのですか？
**経営者**：その通り。彼には新製品の開発を任せるつもりなんだ。
**担当者**：そうなんですね。新規事業について何か懸念されていることはありませんか？

■アプローチのポイント

**新役員の属性や出身などについてヒアリングし、融資支援や事業承継について検討しよう！**

# 16◆親族外の役員の登記について

## ご親族以外の方が就任されたようですが、どういう経緯で登用されたのですか?

中小企業の場合、役員は経営者の親族で占められているケースが多い。一人だけ苗字の違う役員の登記があれば、その役員の登用・入社の経緯を聞いてみよう。それによって、企業の今後の方向性や事業内容がつかめるため、なるべく具体的に確認したい。

親族外の役員には、社内からの昇格と社外からの招聘《しょうへい》という2つのパターンがある。

・社内からの昇格…内部昇格の場合は、これまで重要なポジションを担ってきた人であることが通常だ。現場のことをよく分かっており経営者からの信頼も厚く、技術・能力を買われて就任に至ったというケースが多い。経営者によっては、当該役員を後継者として考えている場合もある。

・社外からの招聘…外部招聘であれば、自社に必要な技術・能力を持った人をスカウトしたケースのほか、取引先から役員を受け入れたというケースもある。取引先から役員を受け入れたのであれば、今後その取引先との取引拡大を目指していると考えられる。具体的にどのような取引の拡大が見込まれるのかを確認し、その仕入資金等、具体的な支援内容を検討したい。

また、役員を受け入れた取引先との事業提携・連携強化を目指すのであれば、具体的な目的の確認も必要だ。新製品の共同開発やそれぞれの企業のインフラを合わせることによる業務の効率化など、業務提携・連携強化の狙いや効果をしっかり確認したい。

事業提携・連携強化により新規事業などを検討している場合には、ビジネスマッチングなどの販路拡大支援も有効だろう。

**担当者**：社長のご親族以外で役員の方がいますが、どういう経緯でなられたのですか？

**経営者**：長年の得意先であるミサキ商事からの受入れだよ。今後はミサキ商事からの受注を強化していく方針なんだ。

**担当者**：そうでしたか。受注増加に伴う資金の入用がありましたら、お声かけください。

**経営者**：そのときはよろしく頼むよ。

■アプローチのポイント

**親族外の役員登用の経緯をヒアリングし、その目的に応じた支援策を検討しよう！**

# 17◆役員の任期について

## 取締役の任期満了が近づいていますが、改選の予定はございますか？

定款を見なくても、商業登記の役員に関する事項で「重任」の時期を確認すれば、役員の任期を概ね推測することができる。役員の任期満了が迫っている場合は改選の予定を聞き、経営方針に変化がないかを確認しよう。

取締役が1人の企業は任期10年としている場合もあるが、複数の役員がいる場合、取締役の任期を2年、監査役の任期を4年と定めていることが多い。そこで、各役員の就任年数を見て改選の有無を確認しよう。

改選の予定が判明したら、新役員のミッションを確認したい。営業を統括する役員であれば営業強化を図る予定であろうし、管理系の役員であれば、社内管理強化や新システム導入を計画しているなどが考えられる。

例えば、ベテランの経理部長が役員に就任する場合、売上拡大路線から内部管理を強化して利益確保の方針に切り替えることが目的かもしれない。

この場合には、従業員の研修や社内規程の整備、業務効率化のためのシステム投資といったニーズがあるだろう。

また、まったく異業種からの外部招聘であれば、新規事業へ進出する計画があることも考えられる。その場合には、新規事業のためのリサーチや、先行投資などのニーズが考えられよう。

**担当者**：取締役の任期が迫っているようですが、改選の予定はございますか？

**経営者**：よく知っているね。今度の株主総会で行う予定だが…。

**担当者**：そうですか。新任の取締役は営業部門ですか？　管理部門ですか？　あるいはその他の部門とか…。

**経営者**：システム関連を強化しようと思っているんだよ。

**担当者**：お困りごとがございましたら、ぜひご相談いただければと思います。

■アプローチのポイント

**役員改選やその後の予定などをヒアリングし、察知したニーズに的確に対応しよう！**

## 18 ◆会社の目的について

### 目的欄に記載されたこちらの事業は、具体的にどんな内容ですか?

商業登記の「目的」欄には、定款に定められた企業の目的が記されている。この内容を確認することで、付帯事業や先々の新規事業についての詳細をキャッチできる可能性がある。

目的の一番目には企業のメインとなる事業が記載されているが、その下には一見関連の薄い事業が記載されていることもある。この場合は、事業の具体的な内容についてヒアリングしたい。

建設業や不動産業、旅行業、古物商など、事業内容によっては、許認可や届出が必要となるものもある。こうした事業内容が記載されている場合は、許認可や届出をしているのかについても併せて確認しよう。届出等をしているのであれば、実際に事業を実施、または実施を予定していると考えられる。

例えば、ツアーを企画して、航空券と宿泊のパッケージ販売をしている旅行業者の商業登記に、古物の売買といった目的が記載してあったとする。一見、旅行業とは関連がないが、実は航空会社の株主優待券を株主から安く買い取って航空券の支払いに充て、粗利アップを図っている企業も実際にある。航空券販売業は薄利だからだ。

こうした具体的な内容をキャッチできれば、例えばその株主優待券を大量に仕入れるための仕入資金等の提案も検討できるだろう。

**担当者**：商業登記の目的欄に「個物の売買」とありますが、これはどんなことをお考えなのですか？

**経営者**：航空会社の株主優待券を仕入れて販売に充てようと思ってね。

**担当者**：そんなことができるのですね。

**経営者**：今は何でも取り組まないと食っていけない時代だからね。

**担当者**：営業支援策について、ぜひ当行にご相談させていただけませんか？

■ アプローチのポイント

**メインの事業と関係ない業種についてヒアリングし、営業支援などのニーズを取り込もう！**

# 19◆本店の移転について

## 以前に本社を移転されていますが、どんな経緯でされたのですか？

商業登記の「本店」の欄を確認すれば、過去の移転の有無が分かる。本店（本社）の移転は、企業にとって大きな出来事だ。その意思決定の経緯から、企業の方向性を推測できることがある。

業歴の長い企業であれば、経営者は創業地に対してのこだわりが強いはずだ。小売業であれば、その地域に多くの常連客もいるはずである。そこをあえて移転したなら、どんな理由によるものかを必ず確認したい。業歴の短い企業であれば、移転にそれほどこだわりはなく、単に「本社が手狭になった」「主力取引先の近くに良い物件があった」など、合理的な理由だけの場合が多いだろう。

いずれにせよ、本社の移転理由が「従業員が増えて手狭になったから」「より立地条件の良い場所が見つかったから」「工場の近くの土地に移転することで、工場と本社の連携を強めたかったから」「取引先の近くに移転することで、キメ細かい対応をしたかったたから」などの前向きな理由なら、その後の事業拡大・内部強化が目的だろう。

この場合は、事業拡大・内部強化が現状の経営にも反映されていることを確認したい。現在も引き続き事業拡大しているのなら、仕入資金や人件費支払資金などの提案ができるだろう。ただし、中小企業の場合、事業拡大計画が希望的観測というケースもあるので慎重な確認が必要である。

一方、「業績の悪化により社員を削減したため」など移転が後ろ向きな理由の場合は、現状、経営改善が進んでいるか否か確認すべきだ。

**担当者**：こちらに本社を構えたのは10年前ですが、どういう経緯で移転されたのですか？

**経営者**：販売エリアを拡大するために、交通アクセスの良さを重視したんだよ。

**担当者**：今後もさらなるエリア拡大はお考えですか？　ぜひサポートさせていただければと思います。

**経営者**：そのときはよろしく頼むよ！

■アプローチのポイント

**本社移転の理由をヒアリングし、その理由に応じたニーズに積極的に対応しよう！**

# 20◆土地・建物の所有者について

## 本社敷地は社長の個人所有ですが、今後の方針はお決まりですか?

不動産登記簿の「権利部(甲区)」には当該不動産の所有権に関する事項が載っている。事業用不動産の所有権が経営者(オーナー社長)以外の第三者であれば、経営の安定性を考えてすぐに買取交渉を勧めるべきだろう。

難しいのは、所有者が経営者であった場合だ。もちろん、この場合も不動産の買取りを提案するべきだが、その前に次の事項について確認したい。

・経営者の年齢と後継者の状況
・経営者一族と企業の関係(一体性がどのくらいか)
・経営者の資産状況
・企業の今後の方針や方向性
・企業の規模

企業は経済活動をしている限り永遠に存続する。一方で、経営者は年齢や健康状態で変化する。そこで、次の点に注意して一緒に対策を検討しよう。

・企業の経営状態…業績や業容が芳しくない状態であれば、当該不動産を企業が買い取ることは避けるべきだ（地代が高すぎる状態を是正する目的での売買ならあり得る）。

・経営者の事業承継・相続に対する意向…経営者（不動産所有者）が高齢の場合、不動産を売却して現金資産を増やす行為は、相続税対策上は良策とは言い難い。単純に不動産の売買という視点ではなく、事業承継・個人資産の運用、そして企業の資産形成を視野に提案を考えたい。

**担当者**：社屋の敷地が社長さんの所有となっていますが、今後の方針はお決まりですか？

**経営者**：いずれは後継者の息子に相続してもらえばよいと思っているけど…。

**担当者**：それでは、息子さんへの引継ぎ方法などについて一緒に検討していきませんか。

**経営者**：そろそろ考えるか…。

**担当者**：事業承継の専門家ご紹介することもできますよ！

**■アプローチのポイント**

**事業用不動産の所有者をヒアリングし、第三者所有なら買取りを、経営者所有ならさらにヒアリングしよう！**

# 21◆抵当権者の変更について

## 抵当権者が何度か変わっていますが、どんな事情があったのですか?

「権利部（乙区）」には、抵当権など所有権以外の権利に関する事項が載っている。言うまでもないが、抵当権の設定は商取引を担保する行為であり、抵当権者が変更されているということは、取引金融機関を変えていることを意味する。

抵当権者の変更が何度もあり、取引金融機関を変えている企業は、「メインバンクが定まっていない」「経営者が理性よりも気持ちを優先した判断をしがち」「利害関係にシビア」などの可能性が考えられる。

新規での取引参入はしやすいかもしれないが、既存金融機関としては難しい相手だ。ただし、抵当権の変遷はあくまで過去の歴史である。経営者の代替わりなどにより、金融機関との取引方針も修正されているかもしれない。

抵当権の変遷を一覧化して、取引の変遷とその背景を思い切って聞いてみるとよい。そうすれば、自ずとその当時の問題点が明るみになるだろう。もちろん、企業側の一方的な意見ではあるが、今後の関係構築や本業支援の参考になることもあるはずだ。

一連の抵当権設定＝融資の担保提供には、企業と金融機関との「力関係」が起因しているケースもある。例えば企業の業績不振を理由に、強引に不動産担保を取り受けたようなケースだ。企業の現状や将来性などを考慮したうえで、肩代わりの提案を検討してもよいだろう。

**担当者**：社屋の不動産登記簿を見たのですが、過去に抵当権者が何度も変更されていますが…。

**経営者**：あぁ、よく知っているね。

**担当者**：そのご事情についてお話を伺えませんか？

**経営者**：先代は金利がすべてという考えでしたが、金利で付き合う銀行は顔を出しませんね。

**担当者**：では、資金繰り面も考慮して当行でのお借換えをご提案します。

## ■アプローチのポイント

**抵当権の変遷理由をヒアリングし、事情に即した肩代わりの提案を行ってみよう！**

# 目の付けどころ

**法人税申告書・別表２のサンプルを挙げて注目すべきポイントを紹介する。**

| 同族会社等の判定に関する明細書 | 事業年度又は連結事業年度 | 平成29年4月1日<br>平成30年3月31日 | 法人名 | 株式会社キンダイ加工<br>カ）キンダイカコウ | 別表二 |
|---|---|---|---|---|---|

| 同族会社の判定 | | | |
|---|---|---|---|
| 期末現在の発行済み株式の総数又は出資の総額 | 1 | 内 | 20,000 |
| (19) と (21) の上位3順位の株式数又は出資の金額 | 2 | | 17,000 |
| 株式数等による判定 (2)/(1) | 3 | | 85% |
| 期末現在の議決権の総数 | 4 | 内 | |
| (20) と (22) の上位3順位の議決権の数 | 5 | | |
| 議決権の数による判定 (5)/(4) | 6 | | % |
| 期末現在の社員の総数 | 7 | | |
| 社員の3人以下及びこれらの同族関係者の合計人数のうち最も多い数 | 8 | | |
| 社員の数による判定 (8)/(7) | 9 | | % |
| 同族会社の判定割合 ((3)、(6)又は(9)のうち最も高い割合) | 10 | | 85% |

| 特定同族会社の判定 | | |
|---|---|---|
| (21)の上位1順位の株式数又は出資の金額 | 11 | 9,000 |
| 株式数等による判定 (11)/(1) | 12 | 45% |
| (22) の上位1順位の議決権の数 | 13 | |
| 議決権の数による判定 (13)/(4) | 14 | |
| (21)の社員の1人及びその同族関係者の合計人数のうち最も多い数 | 15 | |
| 社員の数による判定 (15)/(7) | 16 | |
| 特定同族会社の判定割合 ((12)、(14)又は(16)のうち最も多い割合) | 17 | 45% |
| 判定結果 | 18 | 特定同族会社<br>（同族会社）<br>非同族会社 |

平成二十九・四・一以後終了事業年度又は連結事業年度分

※法人税申告書の別表２は、当該企業が同族会社もしくは特定同族会社かを判断するための書類で、大株主の住所・氏名や株式数、出資金額などが記載されている。なお、同族会社とは株主等の３人以下が次の①～③いずれかの場合をいう。

①その会社の発行済株式の総数の50％超の数の株式を有する

②その会社の議決権につき、その総数の50％超の数を有する

③その会社の社員の総数の半数超を占める

# 法人税申告書・別表2の

## 23 親族以外の出資者

・オーナー経営者の親族以外や法人の株主がいる場合は、出資の背景などを確認

トークは➡P.192

判定基準となる株主等の株式数等の明細

| 順位 株式数等 | 順位 議決権数 | 判定基準となる株主（社員）及び同族関係者 住所又は所在地 | 氏名又は法人名 | 判定基準となる株主等との続柄 | 被支配会社でない法人株主等 株式数又は出資の金額 19 | 被支配会社でない法人株主等 議決権の数 20 | その他の株主等 株式数又は出資の金額 21 | その他の株主等 議決権の数 22 |
|---|---|---|---|---|---|---|---|---|
| 1 | | 東京都世田谷区赤堤×丁目3番1号 | 近代太郎 | 本人 | | | 9,000 | |
| 1 | | 東京都世田谷区赤堤×丁目3番2号 | 近代次郎 | 弟 | | | 5,000 | |
| 1 | | 東京都世田谷区赤堤×丁目3番3号 | 近代一郎 | 長男 | | | 2,000 | |
| 1 | | 東京都世田谷区赤堤×丁目3番1号 | 近代花子 | 妻 | | | 1,000 | |
| 2 | | 東京都豊島区南長崎×丁目1番2号 | 株式会社ミウラ食品 | 本人 | 3,000 | | | |
| | | | | | | | | |
| | | | | | | | | |
| | | | | | | | | |
| | | | | | | | | |
| | | | | | | | | |

## 22 株主構成・持ち株比率

・新しい株主や持ち株比率を上げた株主がいれば、その理由を確認する

トークは➡P.190

# 22 ◆ 株主構成・持ち株比率について

## 株主構成・持ち株比率が変わりましたが、これはどんな理由からですか?

法人税申告書の「別表2」は、当該企業が同族会社か否かを判定するための明細書で、大株主の住所・氏名や株式数、出資金額などが記載されている。「判定基準となる株主等の株式数等の明細」欄に記載された大株主の構成・持ち株比率に変化があった場合は、次の2つの事象が推測される。

・経営者（オーナー社長）一族の株主変化
・経営者一族以外の株主変化

前者は、事業承継が動き出した証左とみなしてよい。株式移転に伴う資金手当てと、後継者への経営権の集中も含めた事業承継対策について考えていきたい。

一連の株式移転の裏には、顧問税理士などの存在がいるはずだ。担当者や営業店だけにとどめず、顧問税理士や本部専担部署とも連携して対応すべきだろう。経営者一族以外の株主変化の場合は、新たな株主や比率を上げた株主の意図を確認しなくてはならない。

従業員や外部人材が新株主になったり持ち株比率を増やしたりしていれば、企業の経営方針に変化が生じていることを意味する。もしかしたら、当該企業の経営権がすでに他社に移っているケースもあり得る。これは、当該企業の仕入先・販売先、下請先などにも大きな影響を及ぼすことであるため、慎重な確認が必要である。

また、株式の移転は数回に分けて行われることが多いので、次回にどんな動きがあるかを聞いて、先手を打つことも重要になる。株式移転が判明したら、直ちに事情を聞こう。もちろん、経営の根幹に関わる可能性があるなら、役席者を交えて経営者と面会しよう。

**担当者**：ご家族内での持ち株比率が変わっていますが、どんな理由からですか？

**経営者**：少しずつ息子へ株式を集中させたくてね。

**担当者**：息子さんへの事業承継ということですね。経営権を移すにあたり、何か懸念はございませんか？

**経営者**：いろいろ不安はあるんだが、そのときは相談させてもらうよ。

## ■アプローチのポイント

**変化のあった株主等についてヒアリングし、経営者との面談で懸念等について確認しよう！**

# 23◆親族以外の出資者について

## 御社に出資されている○○社さんは、事業にどのように関わっているのですか？

「判定基準となる株主等の株式数等の明細」に、経営者一族以外の第三者が名を連ねている場合は、次の点を確認することが大切だ。

・出資者はどんな人・会社か
・出資者との取引関係（年間取引額）
・出資者が行っている事業に対する当該企業の位置づけ

出資者が大手企業であれば、当該企業の後ろ盾として信用補完につながる。ただし出資額が少額の場合は、一事業部門の判断で行われていることが多く、必ずしも「後ろ盾になってくれる」とはいえないだろう。

株主総会への出席状況も確認したい。欠席であれば「大きな取引ではない」と考えられる。役員や事業部長が出席する関係であれば、当該企業を重要視していると受け取れる。

もちろん、出資者には何らかの目的があるはずだ。例えば、当該企業の技術力に魅力がある、将来性や囲い込みたい特許がある、経営者と人的つながりがある、自社の地域戦略として当該企業への出資にメリットがある、などである。これらを把握できれば、様々な支援につなげることもできる。

ただし、取引先からの出資には弱点もある。当該企業の取引が出資先1社に集中しすぎると、その出資先に悪い材料が発生した場合に、大きな影響を受けてしまう点だ。メリット・デメリットを踏まえた経営判断をしているかを見極めることも重要である。

**担当者**：御社に出資しているミウラ食品さんとは、どのような関わりがあるのですか？

**経営者**：ミウラさんの商標で受託製造をしているんだよ。新商品の共同開発も持ちかけられていてね。

**担当者**：それは素晴らしいですね。開発費や設備投資などが必要なら、ぜひ当行で支援させてください。

**経営者**：新規に機械の購入を考えているので、そのときは頼むよ。

■ アプローチのポイント

**出資の事情についてヒアリングし、新規融資のニーズなどを提案してみよう！**

# 目の付けどころ

データベースで着目すべき項目について、
帝国データバンクのコスモス2をサンプルに挙げ紹介する。

COSMOS 2フルデータ　　　　Copyright (C) 20XX TEIKOKU DATABANK, LTD.

（取扱注意）　　　　20XX.01.01

| 企業概要 | | | |
|---|---|---|---|
| 企業コード | 989999956　　法人番号：0000000000000 | | 評点 54点 |
| 商　号<br>（フリガナ） | 帝国テクノツール株式会社<br>（テイコクテクノツール） | | |
| 所在地 | 〒104-0041　東京都中央区新富１－１２－２　帝国ビル３階 | | |
| 電話番号 | 03-5540-1309 | | |
| 資本金 | 400,000千円 | 従業員 | 170名 |
| 主　業 | 35441　機械工具製造業（粉末や金業を除く） | 創　業 | 昭和 6年 9月 |
| 従　業 | 35431　金属工作機械用・金属加工機械用部分品・付属品製造業（機械工具 | 設　立 | 昭和12年 4月 |
| 事業内容 | 精密切削工具、および工作機械部品・治具の製造を行っている。 | | |
| 取引銀行 | みずほ（東京中央），三井住友（築地） | | |
| 仕入先 | 日進鋼機，藤木製作所，日吉鋼材 | | |
| 得意先 | ダイヤモンド工業，青山自動車，大水エンジニアリング | | |
| 系　列 | 帝国ホールディングス | | |

| 代表者 | | | |
|---|---|---|---|
| 氏　名 | 志水　和正（シミズ　カズマサ） | | |
| 住　所 | 〒231-0007　神奈川県横浜市中区弁天通４－５１－１１０３ | | |
| 電話番号 | | | |
| 出身地 | 東京都 | 生年月日 | 昭和20年 8月10日 |
| 出身校 | 中央大学 | 性　別 | 男性 |

| 業績6期 | | | | |
|---|---|---|---|---|
| 決算期 | 売上高（百万円） | 当期純利益（千円） | 自己資本 | 決算書 |
| 平成XX年 3月 | 4,730 | 24,295 | | 無 |
| 平成XX年 3月 | 4,588 | 20,815 | | 無 |
| 平成XX年 3月 | 4,450 | -20,020 | | 無 |
| 平成XX年 3月 | 4,584 | 18,541 | 36% | 有 |
| 平成XX年 3月 | 4,882 | 22,169 | 35% | 有 |
| 平成XX年 3月 | 4,950 | 19,128 | 36% | 有 |

| 業種別売上高ランキング | | | | |
|---|---|---|---|---|
| 対象業種 | 35441　機械工具製造 | 全　国 | 467社中 | 1位 |
| 対象金額 | 4,950百万円 | 都道府県 | 92社中 | 1位 |

| 株主役員 | | | |
|---|---|---|---|
| 役職名 | 氏　名 | 株主または出資者総数 | |
| | | 大株主または出資者 | 保有株数 |
| 社　長 | 志水　和正 | 帝国ホールディングス | 5,600,000株 |
| 専　務 | 青山　政雄 | 岩井　竜一 | 1,200,000株 |
| 常　務 | 岩井　竜一 | 岩井　久美 | 500,000株 |
| 取締役 | 横山　三四郎 | 志水　和正 | 300,000株 |
| 取締役 | 川口　由美雄 | 青山　政雄 | 300,000株 |
| 取締役 | 渡辺　茂 | | |
| 取締役 | 小宮　桂 | | |
| 監査役 | 小林　保雄 | | |
| 監査役 | 岩井　久美 | | |

以上

　　C-NET_20XX0101_10:00

※本サンプルは架空の企業であり、実在する企業・個人とは一切関係ありません

# 企業データベースの

**25 従業の内容**
・事業における従業の位置づけや本業との関連性を確認
トークは➡P.198

**26 従業員の数**
・増減を確認。増えていれば人材育成など経営上の悩みを聞く
トークは➡P.200

**29 取引銀行**
・掲載順や数が変わっていればその経緯を確認へ
トークは➡P.206

**27 仕入先の変更**
・仕入先変更の経緯や、変更後の課題をヒアリング
トークは➡P.202

**28 主要販売先の変更**
・販売先を変更した理由や今後の販売計画について確認
トークは➡P.204

**30 経営者の生年月日**
・60歳など高齢であれば事業承継について検討しているか確認
トークは➡P.208

**24 業種別売上高ランキング**
・業界シェアを高めるための取組みや、今後の事業展開を確認
トークは➡P.196

# 24 ◆ 業種別売上高ランキングについて

業界シェアを高めるために、どのような取組みを行っていますか？

帝国データバンクが提供する企業概要データベース・コスモス２（以下Ｃ２）は、業種別のセールスランキングを収録している。業種は日本産業分類に準拠する形で約１４００に細分化されており、売上高の全国ランキングと都道府県別ランキングが分かるようになっている。

セールスランキングが去年と比べてランクアップしている場合は、「どのような取組みをしていますか」と聞くことで、今後の事業展開を聞き出すきっかけとなる。

経営者は業種内における自社のポジションは大まかに理解している。しかし、同業他社の具体的な動向については、関心を持っているものの、タイムリーに把握しきれていないことが多い。相対する企業が全国規模なのか、県内で勝負しているのかにもよるが、その企業よりセールスランキングが高いところについて僚店などに協力してもらい概況だけでも把握しておく。それを踏まえた提案をすることで「業界動向に詳しい担当者」として一目置かれるようになる。

取引先が経営努力しているように、競合他社もまた同じように経営努力している。企業は生き物と同じであり、変化し続ける。定期的な業界把握を心がけよう。

セールスランキングが示す売上高が唯一絶対の成長指標ではないが、経営者がもっとも気にする経営指標であることに疑いはない。業界を俯瞰した立場で経営者にアドバイスができれば、信頼を勝ち取るきっかけとなるだろう。

**担当者**：御社の売上シェアが伸びていますね。どんな取組みをされているのですか？

**経営者**：学生や若い夫婦向けの物件に力を入れているんだ。思ったより反響があって、業績も好調だよ。

**担当者**：リニアの駅が新設されることも要因かもしれませんね。この地域のシェア1位の山川不動産はリノベーション物件の取扱いを強化しているようですよ。

**経営者**：なるほど。うちも何か売りになる物件を考えたいな。

### ■ アプローチのポイント

**ランキング上昇の理由をヒアリングし、事業展開に応じたアドバイスを提案しよう！**

# 25◆従業の内容について

## この事業はどういう経緯で始められたのですか？

C２には当該企業の「主業」以外に「従業」も収録されている。主業は売上ベースで１番ウエイトが高い事業、従業には２番目に高い事業が収録されている。例えば、不動産業で「主業：建物売買業、従業：不動産管理業」とあれば、主力がマンションの販売でその物件の管理も行っていることが想定できる。

主業と従業を年商規模と合わせて見れば、特定の分野で事業を一極集中させている企業なのか、川上から川下まで事業を手広く手がけている企業なのかを判断できる。

特に注目したいのは、主業と無関係に見える従業があるケース。この場合は、成長分野として新規事業を立ち上げた可能性もある。「どういう経緯でその事業に着目したのですか」「本業との相乗効果はどうお考えですか」と経営者にヒアリングすることで新規提案の糸口をつかもう。

事業の進捗状況や今後の展開を聞くことは、運転資金・設備資金等、幅広い資金ニーズを聞き出せるチャンスとなろう。

新規事業の場合、経営者が商慣習に詳しくないことも多い。ときには事業展開に関するアドバイスを求められることもある。こんなときはその場で答えられなくても、自行に戻り、上席や先輩・同僚の支援を得ながら真摯に対応していけばよい。そうした積み重ねが経営者からの信頼を集め、本業に関する相談をしてくれるという好循環を作るのである。

**担当者**：御社の主業は水産加工業ですが、従業に家庭用調理器具の卸売とあります。どういう経緯でこの事業に着目されたのですか？

**経営者**：職人が魚をさばいていたんだけど、効率を上げるために他社と組んで業務用の調理器具を開発したんだ。それを小型化して家庭用に販売したんだよ。

**担当者**：それはすごいですね。事業は順調なのですか？

**経営者**：製品はいいんだけど、従来の事業とは販路が違うから難しくてね…。

**担当者**：よろしければ、当行で販路開拓のお手伝いをしますよ！

### ■アプローチのポイント

**従業の詳細についてヒアリングし、新規事業の場合は事業展開についてアドバイスしよう！**

# 26 ◆従業員の数について

## 従業員が増えていますが、人材育成や運営が大変ではありませんか?

従業員が増えると、人件費が増加するうえ人材育成の必要性も増す。人材採用は自社への「投資」という面もあり、その利益を回収するためには育成による戦力化が不可欠だ。

しかし、従業員の増加により発生する課題はそれだけではない。特定の助成金や公的融資は従業員が一定数を超えると受けられなくなるなど、制度の活用をはじめとする経営上の課題がある。一人ひとりの従業員に目が行き届きにくくなり、社内コミュニケーションで問題が発生し、従業員の活力が削がれるといった内面での課題も考えられる。

ただ基本的に、従業員数の増加は事業拡大路線のサインであるため、話のきっかけ作りが難しい未取引先にも、「従業員が増えているようですが、運営上の課題はございませんか」といった切り口でアプローチがしやすい。経営資源の中でも「ヒト」に関して悩みを抱える経営者は多い。「実は…」と話が弾むこともあるだろう。

人件費や賞与資金といった手近な提案だけではなく、採用した従業員の育成方針や課題を深く掘り下げることで、今後の事業展開もスムーズに聞くことができるだろう。

従業員が増えているにも関わらず本店所在地や拠点数が変わっていない、もしくは事務所が老朽化しているようなら、「事務所が手狭になっていないでしょうか」と聞いてみるのもいいだろう。人材確保・流出防止の観点から事業所環境の整備を提案するのも切り口の一つといえる。

内部留保がある程度蓄積されている企業であれば、自社ビル建設といった不動産建設資金の提案も選択肢に入るだろう。

**担当者**：従業員が増えていますね。運営が大変ではありませんか？
**経営者**：経験者を多く採用したんだけど、なかなか自社ルールの徹底が難しくて大変だよ。
**担当者**：そうですか。当行で提携する中小企業診断士が、そうした課題解決の支援をしていますので、一度ご紹介させていただけませんか？
**経営者**：では一度話を聞いてみようかな。

■ アプローチのポイント

**従業員増加についての課題をヒアリングし、事業拡大についての積極的な提案につなげよう！**

# 27◆仕入先の変更について

## 主要仕入先が変わっていますが、どんな経緯で変更されたのですか？

主要仕入先が変わるという事象は、業種によって意味合いが異なる。

帝国データバンクと東京工業大学の共同研究で、取引継続の期間を示す「取引寿命」は、サービス業で平均5・1年、卸売業・小売業で6・3年。対して製造業では6・8年とされている。

卸・小売業は売れ筋商品を変えるため、仕入先の変更は比較的容易だ。一方、製造業は安定供給の観点から自社商品への適合確認などが必要で、安易な変更は難しい。医療系の製造業も取引寿命が長い傾向がある。人命に直接関わる製品ゆえ、多くの検証作業を必要とするためと考えられる。

業種により違いはあるが、主要仕入先の変更には相応の労苦が生じている。「今回の変更はどんな経緯だったのですか」「変更後の調達や生産面は順調ですか」と少し丁寧に聞いておきたい。仮に主要仕入先を変更した理由が新商品のリリースであれば、思い入れが強いと想定し、販売計画を念入りにヒアリングしよう。

ただ、どの取引も永続するわけではない。前述の共同研究では、1年間で消失する取引率も算出しており、サービス業で約20％、卸・小売業で約16％、製造業で約15％となっている。

久しぶりにアプローチする企業なら、前回の訪問時から主要仕入先が変わっているという前提で、改めてビジネスモデルからヒアリングするとよいだろう。

**担当者**：主要な取引先が変わりましたが、何かあったのですか？

**経営者**：製品を増産したんだが、以前の仕入先では部品の安定確保が難しくて変えたんだよ。

**担当者**：そうですか。新しい取引先では調達面の懸念などはありませんか？

**経営者**：実は仕入費がかさんでね…。

**担当者**：ぜひ当行で資金のご相談をさせていただけませんか？

### ■アプローチのポイント

**主要仕入先変更の経緯などをヒアリングし、資金面のニーズが発掘できたら融資を提案しよう！**

# 28◆主要販売先の変更について

**主要販売先が変わりましたが、新しい販路を開拓されたのですか?**

販売先の上位にあった企業が変化した場合も、様々なケースが想定される。新規事業を始めたことによって大きな取引が生まれたというポジティブなケース。これまでの主要販売先から取引を打ち切られたというネガティブなケース。あるいは、既存販売先の中で取引シェアが逆転したようなケースもある。

企業データベースで見つけた販売先の変更からアプローチするのなら、まずは無難に「販路を新たに開拓されたのですか」と聞いてみよう。仮に取引を打ち切られていた場合は、経営者に寄り添う形で今後の販売計画を聞こう。それが納得性の高いものであれば運転資金の提案ができるだろう。取引シェアが逆転しただけのケースであっても、詳しく聞けばチャンスが隠れているかもしれない。

これまで販売先の上位に卸売業が多く名前を連ねていたのに、小売業の名前が目立つようになってきた場合は、チャネル政策が変わった可能性がある。

小売業を対象に事業を展開する場合、卸売業に比べて、販路が縮小するので売上高は後退するが、商品力があれば利益が改善していく可能性がある。また自前で販路を持つ必要が出てくることから、エリアマーケティングを支援することができる。

「この地域で御社の商品は受け入れられているようですね。集中的な営業のために拠点開設を検討されてはいかがですか」といった拠点開設に関する資金提案についても、可能性が広がるだろう。

**担当者**：販売先が変わっていますが、新しい販路を開拓されたのですか？

**経営者**：これまで卸売業者さんを通していたんだけど、小売業者さんに直接販売するようにしたんだ。

**担当者**：それで販売の進捗はいかがですか？　課題や心配事はありませんか？

**経営者**：今の販売先は順調だが、新規先にウチの強みを理解してもらうのに苦労するよ。

**担当者**：製品の魅力を訴求する方策について当行でも検討してみます。

**■アプローチのポイント**

**販売先変更の経緯や販売計画をヒアリングし、浮き彫りになった課題や悩みを自行で支援しよう！**

# 29 ◆ 取引銀行について

## 取引銀行数が増えていますが、銀行取引の方針が変わったのですか？

企業が取引している金融機関やその数も押さえておきたい情報だ。C2には取引銀行の欄がある。最大10行まで収録があり、基本的には取引が多い順に並んでいる。筆頭に掲載されている金融機関はメインバンクと位置づけられている。順序は借入残高を参考にはしているものの、必ずしも残高の多い順ではない。経営者へのヒアリングをベースに選定しているため、経営者の「精神的なメインバンク」が浮き彫りになることもある。

例えば「創業時にピンチを救ってもらいお世話になったから、メインバンクは○×銀行なんだ」といった話を聞くことがある。

「融資残高が一番多いから、うちがメインバンクだろう」と慢心するのではなく、アプローチ前にC2などで経営者が心を寄せるメインバンクをチェックしておきたいところだ。経営者が金融機関との取引において何を一番大切にしているのか、そこにアンテナを立てておく必要があるだろう。

取引金融機関数を増やしている場合は、どんな金融機関と取引を始めたのかをよく見る必要がある。取引銀行の欄には支店単位まで記載があるので、当該企業の本社とは違うエリアの支店の場合は、背景を見定めたい。業容拡大によって他県取引を増やしているケースもあれば、少数行取引を案じて資金調達先を増やしているケースもある。

いずれにせよ、新規営業先で取引銀行数を増やしている企業は、提案の余地がある先だといえるだろう。

**担当者**：最近は取引金融機関が増えていますね。

**経営者**：業容拡大に伴って調達先を増やしているんだよ。

**担当者**：近県の特定エリアの銀行が多いようですが…。

**経営者**：そのエリアの企業と取引を始めて、その企業と下請けに製品を卸しているんだ。

**担当者**：それだけ大きな取引だと、多くの資金が必要になりますね。当行でもぜひお手伝いさせてください。

## ■アプローチのポイント

**融資残高とメインバンクについてヒアリングし、業容拡大など経営の変化に対応しよう！**

# 30 ◆ 経営者の生年月日について

事業承継の引継ぎの準備は何かされていますか？

後継者問題は深刻である。解決できなければ、今後10年間で約650万人の雇用と約22兆円のGDPが失われるとの試算もある。後継者問題は、まさに国家レベルの課題といえる。金融機関には「伴走型支援」の役割が期待されている一方、事業承継の仲介はフィービジネスとして注目されている。

後継者問題は、非常にセンシティブな問題であるため、大胆に対応しながらも細心の注意を払ってアプローチを進めたい。

経営者にとっては、資金回収を懸念してメイン行には相談しづらく、サブ行以下には気軽に相談できるという側面もある。最近では、そうした成功事例も多く聞かれるようになってきた。

社長が60歳を超えていれば、「社長の平均年齢は約60歳です。健康寿命が約70歳といわれる中、そろそろ事業承継をお考えになる時期ではないでしょうか。中小企業庁の調べでは、事業承継には5年から10年はかかるそうです」と、早めに声をかけておきたい。商談には至らずとも、後々相談を受ける可能性は高まる。

アプローチにあたっては、事業承継は経営者ならば誰もがいずれ直面する問題であり、あなただけの問題ではないことを丁寧に説明すると、経営者の理解が得られやすい。

後継者問題が浮上するまで事業を継続しているのだから、幸せなことでもある。後継者問題が片付かずとも、事業は継続し緩慢に倒産に向かう企業がある一方で、後継者に悩む前に倒産する企業も多いのである。

**担当者**：そろそろ事業承継を考えてみませんか？　引継ぎに10年もかかることがありますよ。

**経営者**：そうだな、息子に継がせようかとは思っているけど…。

**担当者**：後継者教育や自社株の承継について資料をお持ちできますよ。

**経営者**：じゃあ、ぜひお願いするよ！

■ **アプローチのポイント**

**事業承継の考え方についてヒアリングし、資料を提供しながら親身になって相談に乗ろう！**

# 31 ◆ 償却期間について

## この設備（機械）は償却期間が終わる頃かと思いますが、更新についてはお考えですか？

人事ローテーションの頻度が高い金融機関であれば、取引先の過去の設備投資状況についてデータベース化を進めておきたい。設備資金の償却期間は5年以上のものが多く、後任者への引継ぎが難しいからだ。仮に精緻にデータベース化されていなくても、担当企業の過去の設備投資に関する情報は折に触れて押さえておきたいところである。

「○×商事のあの機械設備は償却を終える時期だ。次の予定を聞いてみよう」といったアプローチが可能になる。前任者から十分な引継ぎを得ないまま担当となりまだ足が向いていない場合でも、更新時期の見当をつけたうえで「償却期間が終わる頃かと思いますが、更新はお考えでしょうか」というアプローチを試みたい。

前任者が融資実行後に設備投資の効果について経営者に十分ヒアリングしていないこともあるので、現担当者はしっかり聞くことが肝要である。

こうしたアフターフォローを怠らないことで、経営者に「今度の担当者は投資効果についてきちんと聞いてくれる。営業しっぱなしではなく好感が持てるな」「更新予定がないものについても提案を聞いてみようか」と思ってもらえる。

一般的に、金融機関の担当者と経営者では「ありがとう」のタイミングが違う。担当者は融資実行時に経営者への感謝の気持ちを持つが、経営者は資金を導入してその効果が出た時に初めて担当者に感謝する。この気持ちのズレを埋めるものは、日ごろの地道なアフターフォローしかない。

**担当者**：こちらの機械はそろそろ償却期間が終わる頃ですか？

**経営者**：そうだね。後2ヵ月くらいかな。使い始めてもう5年になるから…。

**担当者**：では、更新などについては考えていますか？

**経営者**：いや。まだ動くからしばらく使い続けるよ。

**担当者**：稼働にあたって不具合はございませんか？

**経営者**：最近メンテナンスが増えてきたのが気になるな…。

■アプローチのポイント

**機械設備の今後の予定をヒアリングし、設備投資の効果を確認しつつ今後につなげよう！**

本業支援&融資獲得　**法人取引アプローチ**

2021年6月28日　初版発行

編　者――近代セールス社

発行者――楠 真一郎

発行所――株式会社近代セールス社

〒165-0026　東京都中野区新井2-10-11　ヤシマ1804ビル4階

電話：03-6866-7586　FAX：03-6866-7596

装丁・ＤＴＰ―井上　亮

イラスト―――伊東ぢゅん子

印刷・製本――株式会社木元省美堂



ISBN978-4-7650-2311-5